大展好書
好書大展

大展好書 好書大展

超現實心靈講座 22

揭開
月球的神秘力量

超科學研究會／著
李 芳 黛／譯

大展出版社有限公司
DAH-JAAN PUBLISHING CO., LTD.

前言

「人的順與不順與月球律動有密切關係。」此言或許語出驚人，但最近科學陸續指出，人的身體、心情狀況與月亮周期息息相關。

各國神話、傳說中均殘留各種與月球有關的故事，可見月亮與人類生活關係之深。

古時候還沒有以科學的眼光面對月球，也許人類因此對於月亮潛在的威力感到漠然，一直停留在視月為「神」的時代裡。而神話、傳說中所提及之月亮與生物的種種關係，的確是研究月亮神秘力量的珍貴材料。

現代許多專家正設法從科學的立場，研究月亮與人類神經、生理、心理的關係。本書即是從各種角度探討月亮魔力與我們生活的關係。

目錄

第二章 狼男傳說之謎

第三章　暴力事件與月亮周期有關

第四章　人類潛在律動的秘密

第五章　月亮支配命運

第六章　至今仍未知的月亮之謎

後記

序　章

月使人迷惑

提到人類最初信仰的對象，很多人往往會想到「太陽」，但事實上並非「太陽」，而是「月亮」。

令世界研究專家驚愕的是，比古埃及波拉米更古老的文明遺跡中南美波拉米，其景仰月亮所建造之物比景仰太陽多得多。換句話說，古代人對月亮神秘力量的感受，更甚於太陽。

從影響人類靈魂這點來看，月亮在任何一個時代均占有壓倒性多數的影響。各位不見世界各地遺留的神話、傳說嗎？從當中不難了解，人類本能感受到月亮那股不可思議的力量。

其中比較有名的是特拉古傳說，為什麼特拉古每當滿月之夜就會變成吸血鬼？當月亮在西空中消失時，特拉古的一切力量化為朝露而消失。換言之，如果沒有月光，其凶暴性便無法發揮。

斯拉夫文學研究者栗原成郎先生，在研究過程中遇到許多吸血鬼的傳說，於是他將這些傳說綜合成『斯拉夫吸血鬼・傳說考』一書。

照栗原先生的說法，斯拉夫每個地方都留傳不計其數的「吸血鬼傳說」，而且毫無例外，每個吸血鬼都只在深夜行動。在中世紀的深夜裡，大地一片黑暗，這時候，吸血鬼一定藉助月光之力，出來四處尋找血色鮮美的年輕女孩。

當月光覆蓋全身時，平常極普通的英俊少年，突然一變而成吸血鬼，這種中世紀時代的例子，並非只是想像而已，更隨時可能發生在我們周圍。

美國醫學博士A・L・利伯就主張：「現代人受月亮神秘力量之影響。」

美國治安之差舉世皆知，不僅夜晚必定緊閉門窗，連一個人走在街上都很危險，而且事態愈來愈嚴重，就有不少華人喪生槍彈下。當然，允許百姓持有槍枝會造成社會恐懼，但更深一層的問題是，經濟不振、失業增加所造成的人心荒廢。

利伯博士也很關心犯罪防止策略，於是針對何時？何處？犯何種罪？做深入調查，嚴格說起來，犯罪調查只是他研究的開頭而已。

而許多令人有興趣的事實一一浮現。

「殺人事件在滿月之後達到高峯，其次是新月之後，至於實際殺人時刻，則集中在月亮到達中天時刻的前後。」

這項事實內部潛藏著某種深刻理由，也許正是有效防止犯罪的重點。基於這種想法，於是利伯博士針對犯罪資料進行搜集、分析。

結果令人感到訝異，他不僅發現任何一州的殺人事件均與月亮周期有明顯關係，而且還證明月球與地球距離也和殺人事件關係密切。

從這項調查結果再深入研究，寫成了『月之魔力』一書。這本書從科學角度出發，解析以往只單純感受的「月亮神秘威力」，這本空前學術書的發表，造成全世界巨大的震撼。

依照本書所述，受月亮動力而增加的不只是殺人事件，月亮律動周期不僅對人類造成影響，更能使一切生命體的生命動力活潑，其影響繁殖、生產這種生命活動根源之力的確驚人。月能夠使人興奮，但相反地，卻也具有鎮定人心的力量。

月亮周期不僅悠關生命的誕生，也與生命結束有密切關係，人之死也幾乎與月亮周期呈現一致增減。

不，不僅人類，甚至魚、蟲、鳥、獸、植物等地球上的生物，均受到月亮魔力左右，冥冥之中創造出一種特有的活動規律。

英語稱瘋顛為「Lunatic」。「Luna」就是「月」的意思。語源通常是基於自然、直接的觀察或經驗，由此可知自古人類的經驗中「月亮是不是使人感到困惑」。

古代醫學對於周期性的關心程度相當高，古代醫生認為，患者的症狀均有其周期性，解開潛在周期性之謎，即可使疾病痊癒。

談到具有一定律動周期性者，月亮可說具有代表性，月亮自古以來即反覆著月圓月缺，這是每個人都可清楚見到的事實。古代人生活單純，大概比現代人更能感受到月亮的律動。對於生長在現代化都市的人們而言，大概受月亮影響力之深不若古代人。

但利伯博士卻主張，應該從現代科學觀點，更深入地研究月之魔力。

月球在距離地球平均三十八萬四千四百公里之軌道上繞行，也許有人認為「距離這麼遠，月亮怎麼可能影響到地球上的每個人，或者蟲、獸、植物的活動」。

有這種觀念的人，請你靜靜讀完本書。

現代人凡事講求科學實據，沒有科學依據便被視為「非科學」，因此受到輕視、否定，其實現代人應該好好反省這種傲慢態度。

現代人更應該回歸本心，接受自然界或天體所擁有的超人力量。

不，不只積極接受它，還必須肯定它的存在，也許從此發現另一片新天地。

第一章

生物受月球律動所支配

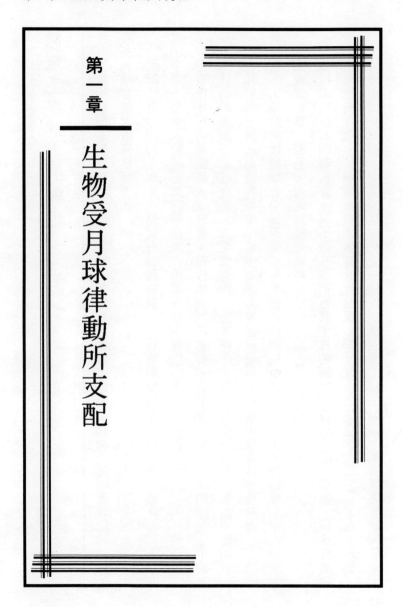

震驚毛皮商人的報告

「今年是柿子豐收年」，類似這種話各位耳熟能詳，但如果說到「動物豐收年」，恐怕許多人就要瞪大眼睛懷疑了。

其實十九世紀的毛皮商人早就有這種常識了，野性動物的繁殖也有其「盛產年」。十九世紀中葉，加拿大哈特遜灣的毛皮商人們即有如下報告：

「有些年份可捕捉到大量野兔，有些年份則根本捉不到兔子。兔子量多的年份，山貓也多，而且山貓捕捉野兔進食後，其毛皮柔軟，色澤極佳，這種循環以八～十年為一周期。」

在此附帶一提，山貓在毛皮市場中被評為最高級貨色，一件山貓皮外套能賣到一〇〇〇萬日幣。山貓具野性斑點，毛長而硬，多生長於西伯利亞或加拿大北部森林裡，平均一平方公分面積就有數千根毛，因此禦寒效果相當好。

這份毛皮商人的報告書，只不過是基於他們平日的經驗，但約在二十年後，世界最高學府牛津大學的查理·艾頓博士將此事實進行學問上的分析，並在英國生物學雜誌上發表結果。

依博士調查發現，山貓數量似乎受一種特別法則所支配，以每十年為循環周期，呈現大幅增減現象，從盛產年與非盛產年產量相差五～七倍來看，絕對不能單純視為只是巧合。

另外，有位學者也試著對其他種類動物進行調查，結果發現山鼠、貂、丁鱥、鱒魚等動物都以十年為周期，呈現明顯的增減量。

野生動物的繁殖與月光有關

近來全世界都面臨野生動物生長環境受到破壞，數量逐漸減少的局面。

威斯康辛大學羅德・凱斯博士著手進行有關動物數量的調查，其著眼點便是「為了防止野生動物減少，首先必須調查野生動物實態」。

沙斯卡、亞伯特、馬尼伯、布利德修・哥倫比亞以及凱斯博士在加拿大各州進行實地調查，發現野生狐狸的數量有規律增減。野生狐狸以每十年為大量繁殖周期。（取自田多井吉之介『控制生活的神秘律動』・參照下頁圖）

為什麼野生動物以十年為周期大量繁殖呢？原因衆說紛紜。首先有一說指受大陽黑點影響，但此說很明顯與周期不合，立刻被淘汰。

約翰赫普金斯大學的克里斯查博士說明：「動物數量超過某條線，達到界限時，為什麼

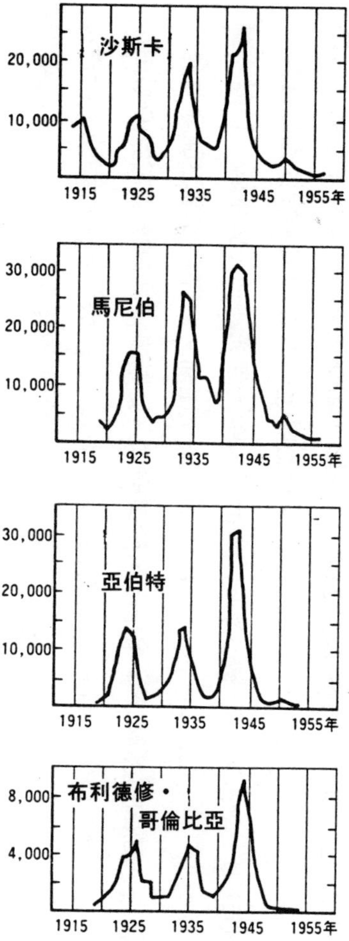

加拿大狐皮生產量變化

性荷爾蒙的分泌便會衰弱，使生殖能力低下？主要原因就是藉著此項機能，地球上的生物體不致於異常繁殖，而面臨整體滅亡或生殖過剩的情形。」

但此說並沒有解釋為什麼以十年為周期，結果依然沒得到答案。最後只剩下野生動物繁殖受「月」的光量左右一說。此說表示：野生動物接受大量月光會導致性行動旺盛，因此大量繁殖。

此說的理論根據是野生動物夜間性交的事實，這被解釋為「夜晚黑暗中比較不容易被敵人發現」。的確，對動物而言，性交時是最無防備的時刻，若在性交時受攻擊，恐怕連百獸之王的獅子也無力招架。

夜間不但不易被發現，在夜間尋找獵物的動物也很少，不過再想想看，動物即使在人類面前也能正大光明地性交，難道是野生動物不在意人類的目光嗎？因為從被襲擊的可能性來說，還是有夜行動物存在。

這時出現的便是月光刺激性荷爾蒙活動一說。

一般動物並不像人類那麼「淫亂」，如此說法恐怕會遭受許多指責，但實際上動物們均有其「交配季節」，它們只在這期間從事性交。

交配期大概一年二次，而這二次與滿月重複之年——大約以十年為一周期。

換句話說，這就是為什麼山鼠、貂、丁鱥、狐狸等動物以十年為大量繁殖周期的解答。

既然人類也是動物，那麼也一定會受到十年周期的影響。

但由於人類文化、文明進步，因此生物體與生俱來的自然微妙波長與共鳴隨之衰退。

即使如此，人還是不可否認「氣運」十年一變的事實。就像古代流傳至今的一句俗語，「十年一輪、好壞照輪」。

從這句話不難感受到，人的運勢起伏大約以十年為周期反覆進行。

如何？動物世界與月亮的特殊關係，大概超過你的想像吧！

滿月之夜蝸牛向月出發

說到蝸牛，有些人會想到法國料理的牡蠣，有一位學者就發現蝸牛在月夜裡的奇妙行動，這位是美國馬薩爾州的女性學者瑪格利特・衛普。

她在州內一家海洋生物研究所工作，有一晚，她將捉來的蝸牛放在玻璃瓶內，卻意外發現蝸牛奇妙地往月亮方向移動。

她是意大利系的美國人，和法國人一樣是世界上重視美食的民族，也許她心裡正盤算著將這隻蝸牛當成晚餐的開胃菜。

不過既然是科學研究者，當然應該以科學眼光進一步探討蝸牛奇妙的動作。

她在玻璃容器上畫一個只有一隻蝸牛能通過的小洞，然後讓蝸牛一隻隻地通過。

由於是與月光有關的實驗，所以實驗場所當然是在月光下。

每當一隻蝸牛走出玻璃容器後，玻璃容器立刻轉另一個方向，讓另一隻蝸牛走出容器，如此，每隻蝸牛均從不同方向走出容器。

但結果卻令人吃驚，因為這些從不同方向走出玻璃容器的蝸牛，卻不約而同地都朝月光方向走。

由於是滿月之夜，月亮閃亮高掛東方夜空，一致朝著月光緩步前進的蝸牛們，看起來就像一群人正往某處朝貢一般。

瑪格利特小姐放棄了這道開胃菜，看來，這些蝸牛託月之福撿回了一命，或許牠們一致朝月光行進，正是拚命在向月亮求救呢！

亞里斯多德法則？「要吃海膽就趁滿月」

到北海道、東北或下關旅行，很多人一定想多吃點「海膽料理」，海膽其味極美、口感極桂。

最近從海外輸入日本的海膽量增多，不知是不是外國人還沒體會出海膽的美味，所以至今還稱得上是日本專用菜色。無論如何，海膽是日本老饕的最愛，不過或許不久就會看到金髮美女也愛上海膽。

歐洲地區海膽產量最大的是地中海，從尼斯至拿波里再到阿里基桑多利亞沿岸。

住在這一帶的人也知道海膽的美味可口，約二四〇〇年前，希臘哲學家亞里斯多德曾說道：「海膽的卵巢在滿月時漲大。」

為什麼亞里斯多德對海膽的卵巢有興趣呢？是不是吃了太多海膽後發現，體內帶卵的海膽最可口？

此說至今依然在這一帶流傳著。南地中海的漁民們，每當快滿月時便集體出海捕海膽，每個人的想法一定都一樣，希望捕獲帶卵的海膽，不僅美味可口，而且可以賣高一點價錢。

連接南地中海的是世界最美麗海水之一的紅海，這一帶的海膽在每年七月至九月滿月夜產卵，當雌性在海水中產卵時，雄性便一齊放射精液，卵子與精子在海水中進行受精作用，此時海水被染成一片雪白，代表生命活動能量的旺盛。

位在紅海旁的蘇伊士，當地漁民相信，「海膽或牡蠣的身體隨月圓而脹、隨新月而空」，所以新月前後幾乎沒有漁夫出海，大都在海邊飲酒作樂。

此時期結束後，海膽的卵巢與精囊開始存蓄，其脹縮與月的圓缺周期一致，海膽生殖期普通爲一年一次，但為什麼選在滿月之夜呢？至今仍是個謎。

與海膽同屬棘皮動物的海參，屬於雌雄同體動物（依種類不同也有雌雄異體，但雌雄同體占壓倒性多數），其性轉換也在滿月夜進行。

接受照射在海面上的滿月之光，男性變女性、女性變男性……。真是神秘的世界。

除此之外，在滿月之夜舉行瘋狂戀愛舞會的生物還有不少。

文豪莫姆心愛的薩莫亞島位於南太平洋，這個島有如世外桃源。薩莫亞島的珊瑚礁上有一種名為帕拉拉的魚棲息，這種魚每當十月、十二月中旬過後，身體前半部即出現粉紅色，魚的粉紅色正是薩莫人習慣的婚姻色，亦即魚的結婚衣裳，當帕拉拉魚出現這種顏色時，表示生殖期將近。

不久，隨著滿月的靠近，粉紅色愈來愈濃，到了滿月之夜，整條魚都穿上粉紅衣裳，在海面亂舞著，令人心情隨之盪漾。

舉目望去整片海面都是這種情景，不禁使人讚嘆這場粉紅舞會之盛大。

薩莫亞珊瑚礁上還有另一種隨月亮周期舉行瘋狂舞會的生物，主角是磯蚯蚓科的多毛蟲，季節是在十月及十一月下旬左右，平常躲在珊瑚礁裡的多毛蟲紛紛跳出海面，利用長尾巴交配，由於過度熱情，不少蟲的尾巴被折斷，整個海面佈滿折斷的尾巴。

薩莫亞人現在還以月球運行為基礎，他們使用太陰曆，每年這一天就是島祭，島民們爭相捕捉多毛蟲的斷尾巴，最多者獲勝，場面熱鬧異常。

另外還有釣沙魚或鯡魚時當成餌的日本沙蠶，也只在夏季一個月二次，到了滿月之夜便一齊產卵。

大量漁獲受月的律動所左右！

現代農漁業已進步得超乎想像，蕃茄、香瓜的栽培、文蛤養殖等都利用電腦管理，聽說還有配合月亮律動提高栽培及漁獲量的方法。

深獲美國漁民信賴的一本「漁豐月曆」，作者為強森‧哈特克，這位海洋學者以太陰曆為基準做成漁民捕魚依據的月曆。

照這本月曆指出，大漁獲的可能時間一天有四次，均是受月強烈影響的時刻。月的一天比太陽的一天還長，所以每天時刻有些差異，因此每年都必須依照月亮行進製作月曆。

某處漁港仔細記錄漁獲量，結果發現最大漁獲量與這本月曆指示時刻一致。

為什麼某特定時刻會出現大漁獲量呢？因為魚的飲食受月球運轉影響，當月球到達某位置時，便會刺激漁群的食慾，因此你只要輕輕鬆鬆撒餌，大量魚群便爭相來食，讓你滿載而歸。

現在連旅行社的導遊們也相信這本月曆，他們在適當時刻安排旅客乘船出遊，只要有了這本月曆，就不必每天盯著月亮看了。

其實看月亮臉色的還不只是漁民而已。

歐洲一位大富豪只對吃感到興趣，而且他非滿月之夜的海膽、牡蠣不吃，因為吃慣了這時期的海膽、牡蠣，就覺得其他時期之物乏味。

這些老饕的舌頭是騙不了的，不過只吃滿月之夜的海膽、牡蠣，似乎太奢侈了。

驚異！馬鈴薯依月的周期培育

說到「農業也反映出月的周期」，恐怕大多數人心中會出現問號。農業自古以來即與太陽有密切關係，不過美國伊利諾州諾斯威斯坦大學的生物學家法蘭克•布朗博士卻表示，從觀察中發現，馬鈴薯受月亮影響，重複一定節奏的活動。

照布朗博士的研究，馬鈴薯一天有三次活動高峰期，早晨最激烈，到了晚間六點過後便急遽下降，這種奇妙現象令布朗博士覺得不可思議，於是再進一步觀察，結果發現馬鈴薯體內的生長節奏與潮夕節奏一致。

我們看看革命前的法國。

當時法律規定，「滿月之夜不能砍樹」，因為滿月之夜砍下來的樹帶有濕氣，容易被蟲蛀，蟲在樹裡產卵的機率也高。這大概是由於滿月之夜植物生命活動旺盛，比平常吸收更多水份吧！

有一種花就像向日葵隨著太陽轉動一樣，它也會隨著月亮而轉動，那就是車軸草。車軸草有四片葉子，平常都呈封閉狀態，只有在滿月之夜才張開。另外還有一種浮游性的澡類，只有在滿月之夜異常茂盛。看起來月之魔力也深深影響到植物。

布朗博士繼續進行研究後發現，與馬鈴薯節奏相同的還有海草及螃蟹，它們的生長節奏從左表來看，很明顯地描出一致的周期。

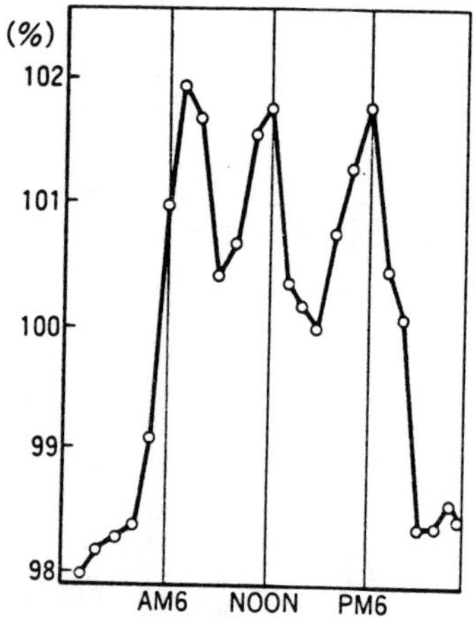

從氧消耗量得知
馬鈴薯 24 小時律動。

再更精密地觀察馬鈴薯，即可證實此周期與月的運行周期二九・五天幾乎一致。

如果善加運用這項觀察結果，便可配合月的運行，有計畫地栽培馬鈴薯。

人們從每天生活體驗得到的生活智慧相當深奧。自古農民們便有滿月播種、植苗，月缺時期收割的習慣，很明顯地，他們了解滿月的威力，知道在這時候播種、植苗必得豐收。

此外，從一七九二年以來便沿用至今的『農事曆』，其中記載作物播種、栽培、收割時期，許多均以月亮律動為基礎。

就像是「適合滿月播種的是地上結果的作物，地下結果作物則適合在新月時期下種」的指示。

在十八世紀末，人們已經懂得配合月亮周期進行作物播種、收割，這項智慧實在驚人。

人受海潮漲退的影響

山貓、狐狸等陸地動物，海膽、帕拉拉、多毛蟲等海中生物，為什麼生殖時期受月的影響呢？

想解開此謎題，就必須重視「生物潮汐」理論，「生物潮汐」即如字面所示，生命體中也有如海潮漲落的現象。

此說由美國科學家Ａ・Ｌ・利伯博士提出，不僅震驚生物學界，也帶給科學界相當大的衝擊。

大家都知道海潮有漲落，但山貓、狐狸、帕拉拉，甚至包括我們人類，生物體的成分大半是水，所以體內的水份也像地球的水份「海」一樣，會受月球引力影響，這就是生物潮汐理論的核心思想。

人體內有多少水份，你能想像得出來嗎？血液加體液再加腎臟中的尿液，差不多三分之一吧？！答錯了，其實嬰兒體重的八〇％、成人體重的六〇％是水。

其他生物體也是乍看為「固體」，但幾乎是由水所組成的，如蘋果八五％、蕃茄九〇％是水，魚七五％、海蜇更達九六％是水。

究竟生命如何誕生？至今仍衆說紛紜，但現代似乎多半採用蘇俄生化學者歐保林的學說。依歐保林的說法，生命誕生瞬間如下：

原始地球的大氣比現在濃厚，大氣中含有氧、氨、鎂等各種成分，這些成分與水蒸氣接觸產生反應，便合成簡單構造的有機物質，而這些東西發展後，便形成各種生命體。

這種生命誕生無疑是始於海水，為什麼呢？因為太陽光線中的紫外線會破壞遺傳子，如果不是處於海水中，根本沒有世代交替的機會。

生命體藉著在海中生活，形成更高度的生命體，並且愈來愈進化。

人類誕生之前的演變，可說是這種進化過程的再現。卵子與精子結合、受精，之後胎兒在羊水中成長，受精後一～二個月的胎兒在羊水內呼吸，四肢均被水覆蓋形成蹼狀（人的手

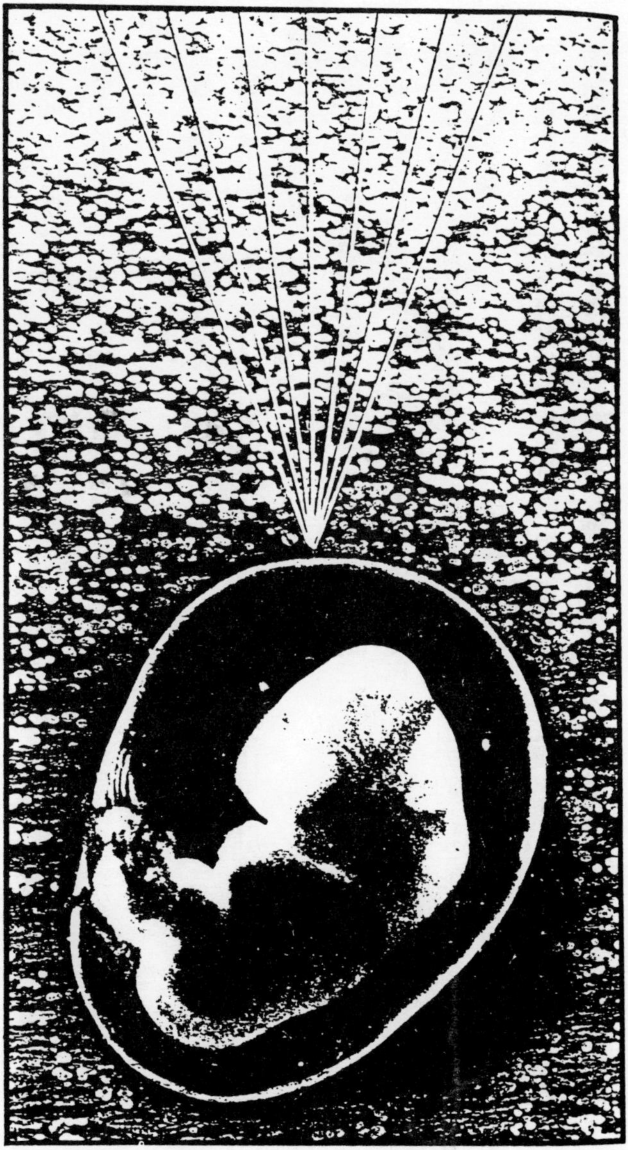

還留有蹼的痕跡）。換句話說，人類生命的第一步是始於水生動物。

構成人體水份之四五％是被封閉於細胞內，剩下的十五％才是血液、淋巴液等細胞以外的水，這些水份稱為體液。

體液中的鈉、鈣、鉀、鎂等陽元素與氯、亞硫酸之類陰元素保持平衡狀態，這和海水結構很相近。

這種「體內海水」就像潮汐一樣受月球律動影響，此即「生物潮汐」理論。照利伯博士的說法，「月的引力對生命體內部的水份產生作用，引起潮漲、潮落，生物體因此受到各種影響」。

相同地，美國科學家威爾達・梅卡也表示，「人的三分之二是『海』，三分之一是『島』，因此人類受月的影響程度如潮汐一般，反覆著某種律動」。

也有學者認為，連人類的固體部份，亦即肉體也受月球引力的直接影響。羅勃・貝卡博士即為代表。

博士如此推論，「透過某條神經，月的引力影響傳達到人類肉體，人體內有引力感受器一般的構造，這些遍佈體內整個神經、血管等通路，當引力發生變化時，這些感受器立刻感應，並指示全身產生反應。只要繼續加強神經、血管的研究，相信人體內引力感受器被發現的日子不遠了。」

想想動、植物們奇妙又有規律的行動，再聽聽利伯博士或梅卡博士的生物潮汐理論，你難道不覺得這些說法很有說服力嗎？

在特定日產卵的沙丁魚

聽到體內「海水」也會受月影響而出現漲潮、退潮現象的人，或許會嗤之以鼻「哪有這回事」，但事實上如果沒有生物潮汐理論，則許多擺在眼前的現象都像謎一樣無法解釋。

美國加州每當春天造訪時，人們看電視氣象報告最後一定會聽到「海潮預報」，有些人一聽到「今晚正是這種日子」，便手提水桶驅車到海邊。

其中專程由中部來的觀光客也不少。

他們提水桶是為了裝沙丁魚，不知為什麼會選在春天特定日子大群靠向海岸，在海濱沙灘上產卵後，再回到海上。

人們只要將桶子往海波中撈起，不難捕捉到大量的沙丁魚。

其實他們並不是像日本人那麼喜歡吃沙丁魚，只是感覺這種遊戲很好玩。

這些沙丁魚必定於四月至八月滿月後大潮之日，成群游向海濱，然後利用大波浪產卵，產卵結束後再利用波浪回海中。

四月到八月的海濱沙灘，在卵產下後正是適合的溫度，這是可以解釋得通的產卵法，但為什麼沙丁魚知道大潮之日呢？令人不解。

這時候生物潮汐理論就有必要了。如果從「沙丁魚體內的水份會隨月軌道變化而受影響」這個層面來思考，則這種奇妙的行動便有了最佳註解。

為什麼砂蟹的身體顏色會變？

大家一定聯想到關鍵在於潮汐吧！

砂蟹在漲潮時於海濱沙灘掘穴，然後躲在穴裡，這時它的體色是白色，當退潮時從穴裡爬出來吃餌，或者雄砂蟹相爭求雌蟹時，體色幾乎呈現黑色，亦即體色依潮汐而變。

現在一般使用的時間、曆法均以太陽運行為基礎，因此與隨月變化的漲退潮節奏不合，潮的漲退以二十四小時五十分為周期，所以每一天的漲潮、退潮循環都要慢五十分鐘。

然而，砂蟹的體色變化周期也正好是二十四小時五十分，這除了生物潮汐理論外，實在很難說明。

我們來看一個實例。美國密西根湖岸旁的諾斯威斯坦大學布朗博士，便利用牡蠣進行生物潮汐理論的研究。

大家都知道，牡蠣配合太陽與月亮的周期而開口、閉口。

布朗博士實驗所用的牡蠣取自太平洋長島海峽的新海本，這些牡蠣二月一日採樣，然後二月二十三日用海草包裹後搭乘夜行列車，於二月二十六日到達距離一三〇〇公里的諾斯威坦大學。

牡蠣被移到黑暗的水缸裡，水缸內注滿新海本的海水，牡蠣最初配合新海本的潮汐開口、閉口，難道海水中含有什麼特殊成分嗎？讓在新海本海水中受精的牡蠣接收這種特定律動。

然而就在二週後的某天，牡蠣突然停止開閉，博士嚇得以為牠們死了。沒想到四小時後，牡蠣再度開始開閉，不過這次不是配合新海本的海潮漲退，而是在滿月到達諾斯威斯坦大學當地上空時，牡蠣呈現最大開口。

當地離海岸線很遠，所以這一帶沒有漲潮、退潮，但如果此處面海，則滿月到達上空時間，海潮也應該漲滿海岸線。

為什麼牡蠣能感受到當地的「潮汐」，調整時差配合開閉呢？

這裡大概也只有「受天空月亮影響」能解釋了。月的引力一定能牽引住什麽，而牡蠣也一定敏感地感受到這種變化。多麽神奇啊！而除了生物潮汐理論之外，又有什麽能證明呢？

女性的月經和月有密切關係

有一句名言「原始，女性是太陽！」但從科學觀點出發，似乎說「原始，女性是月亮！」比較合適。

健康女性在十二～十三歲至五十歲左右，每個月會有月經來潮，此周期雖然因各人身體狀況而稍有不同，但大致上是以二十八天前後為周期，每月反覆不斷，這究竟代表什麽意義呢？

有一份有趣的報告指出，「月經開始日與月亮周期有關」，而且同一天的出血量也因月之圓缺而有增減，一般而言，出血量在月經開始的第二天最多，然後漸漸減少，但一天當中，也有出血多寡不同時間。

一九五五年在斯德哥爾摩舉行第五屆國際生物潮汐會議，席間一位瑞典籍的H・羅倫斯博士發表一份報告，引起會場一陣騷動。

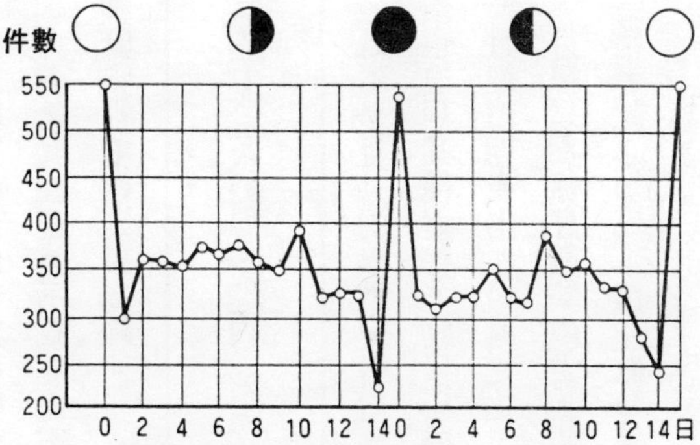

陰曆與生理日一致（標本數：10,393）

報告指出，「以一萬人次以上女性為對象，進行月經之調查，結果發現月經開始日在滿月及新月之日者比其他日子多出一〇%」。

女性大概每個人都會記得自己的經期，有時候明明離預定日還有幾天，沒想到卻在旅行時月經來潮，那真是慌了手腳……。

這時一般人會認為是「因為出外旅行，環境改變了」，或「太累了」，以此說明月經提早報到的原因，但實際上，月亮周期也大大影響月經周期。

羅倫斯博士提出以下忠告。

「看看太陰曆，當妳的月經周期在滿月或新月一週以內時，很可能月經會於滿月或新月日來潮，如果計畫旅行，最好先做好準備。」（上圖取自田多井吉之介的『操縱生活的神秘律動』）

百貨公司、超級市場經常提到女性偷竊者，有位慣犯就表示，「女性竊盜者多半在月經期間，或者月經來潮前一～二天，也就是月經快來的時刻，因為經期前會出現某種興奮、緊張感。」

大多數女性雖然不致於偷竊，但不可否認，月經前身體總是焦躁不安、容易發火，而且精神緊張程度達到最高峰。

古猶太人對疾病、受傷的警告

是不是月亮的律動使引力改變，這項訊息傳達到體內的「海」，亦即體液，使得荷爾蒙平衡也出現某種變化，結果使得月經提早或出血量增多？

月經周期或出血量的變化，難道是生物潮汐與月亮關係造成的嗎？

月經是女性身體準備受胎使子宮壁增厚所引起的，子宮等待受精卵的到達，如果當月沒有受精，就必須為下個月做準備，於是就得破壞這個月已經準備好的厚子宮壁，使之流出體外。

因此，女性妊娠期間必定沒有月經，也就是月經規律改為受胎、妊娠規律。

現在我舉一個老鼠例子，也許有人會生氣，「太過份了，怎麼把人和老鼠相提並論」，但在生物學看來，人和老鼠都只不過是哺乳類的一種而已。

馬來西亞森林裡住的老鼠通常在滿月之夜發情，野生動物只要發情交配，幾乎百分之百會受胎，所以這些老鼠都在滿月之夜受胎繁衍子孫，這種傾向常見於住在森林的一般野生動物。

另外還有學者也注意到出血量受月的周期左右這件事，耳鼻喉科醫生艾德遜•安德魯博士就對於為什麼扁桃腺、咽喉手術後出血過多造成麻煩的情況集中在滿月之日產生疑問。

再追溯歷史，古代猶太人有流傳，「滿月出血量多，家畜去勢應避開滿月」。猶太傳承及法律書中也記載，「陰曆之滿月、新月前後數日，只要一點受傷或疾病，便會發生大量出血的危險。」

的確，以太陰曆為依據的時代，月曆與月亮律動一致，因此便以此為檢查基準。

生產受月亮周期所左右

這麼說起來，人類經驗已知出生、死亡均與潮汐有密切關係?!

古時候妻子將臨盆時，丈夫便急忙找來接生婆的光景，想必各位不陌生。

而在這種時刻，各位是不是也注意到天空中的一輪明月？在這樣的夜裡，產婦滿身是汗地使盡全身力氣，就在天空微明之際，哇——地一聲畫破寂靜，此時應該是漲潮時刻。

觀察妊娠、生產律動後發現，人體真是受月亮周期所左右。

照亞伯拉姆•梅卡博士的說法，「統計二十五萬次生產記錄，妊娠期間幾乎是二六五•八天，亦即將近九個月。」

關於嬰兒誕生的瞬間也有資料。一九六一年十一月在紐約招開國際生物潮汐學會，會中尤塔大學的H•卡薩博士發表一篇分析六十萬例生產記錄的結果，指出生產高峰時間是在上午三點左右，之後陸續減少，到正午過後至七點左右最少，然後再繼續增加。

出生之前，胎兒活在稱為羊水的「體內之海」中，當然受潮汐的影響。

妊娠期間是從最後月經來潮日至預產日，但實際在預產期出生的嬰兒並不多，因為「生產受滿月及新月的律動所左右」，亦即妊娠期滿前後，在滿月或新月之夜，體內羊水會受到特別刺激，開始陣痛準備嬰兒誕生，然後在漲潮時刻前後「哇——」地降臨世上，這就是生產與月配合的情形。

各地流傳下來的迷信中，現代依科學分析發現，正確的不在少數。印度的那拔哈•印地安就流傳這麼一句話，「嬰兒性別依妊娠時的月齡而定」，滿月之夜性交而懷胎者為男性，下弦月夜受胎者為女性。

那拔哈·印地安之間還相信，「滿月生產多是因為月的引力吸引羊水」，他們享受文明生活，並且保有民族特有的銳利感，掌握宇宙真理。

巴古巴醫院調查一九七二年至七三年每日出生狀況，結果發現現代人的妊娠、生產幾乎和月亮已經沒什麼關係了。

是不是現代人幾乎在室內生活，所以自然律動機能已經遲鈍了?!

人類當然受宇宙運行的影響

為什麼月亮周期會對人類體內的「海」產生作用?這個謎題的解答還在繼續研究當中。反過來說，為什麼生命體會感受到月的律動?

發現萬物均受地心引力的是牛頓。月球也有引力，從月球看地球，就像一個壓扁的汽球，受到月的引力，海月也會變形，這就是漲潮及退潮。

月亮並非存在於地球左右，但為什麼從月球看地球會變成扁平狀?

地球自轉離心力作用的結果，地球正好與受月球拉力相反方向力量牽引，因此呈扁平形，正當地球扁平左右兩端的部份產生漲潮，上下部份產生退潮。因為地球有自轉，所以這種情形一天出現二次，這就是一天有二次漲潮、退潮的理由。

地球與太陽的關係每二十四小時，地球與月亮的關係每二十四・八小時以地軸為中心自轉，這個自轉軸就像電磁場的正中央，不用說，月球的引力會對包圍地球的電磁場造成巨大影響。月球使地球的電磁波，每日、每月產生變化，從另一層面而言，月球的律動使得地球磁場產生規則性變化。

生物體不就是對這種磁場變化產生感覺、反應嗎？此即根據生物潮汐理論的假設。如果這項假設成立，則生物體不但會感應到電磁場的變化，還會使荷爾蒙平衡出現微妙的變化，尤其是對於神經系統產生有形無形的影響。

羅勃・貝卡博士說道：「地球電磁場的變化，神經系統感覺最大。」

照博士的說法，「月球引力對人體固體部份會產生什麼作用，詳細情形還不清楚，但我的假設是，人體內有某種，或者所有生物體內有所謂『引力感受器』之類的組織。」

這個引力感受器隨著神經網路，將感受到的引力變化傳達到身體的各部位。

血管收到訊息則使出血量增加，卵巢收到訊息則分泌荷爾蒙，神經系統收到訊息則焦躁、興奮……。

實際上，生物體是與天體運行產生共鳴而生，既然人類也是生物體之一，無庸置疑地，自然也會對天體中的月亮運行產生共鳴。

現代人體內的生物潮汐不變，但為什麽不能與月亮周期產生良好共鳴?有人認為「這或許就是現代人難以解釋的焦躁、緊張原因」。

回歸原始喚起順應月亮律動的潛能，也許正是排除緊張生活的好方法。

第二章

狼男傳說之謎

「雞眼」在新月時祈禱則可取下

古代羅馬醫生稱現代所謂的躁鬱病為「lunacy」。他們仔細觀察患者結果得知，「心之異常周期與月之圓缺關係密切。」

米爾頓所著描寫人類誕生情節一書『失樂園』中，有「悶悶不樂之鬱病」的表現。無庸置疑地，自古即相信月光會擾亂人心的傳說。

日本也有各種類似傳說，民俗學者內田武志先生研究即指出，傳說「看看新月從東方昇起或從西方下沈，疾病容易痊癒」，事實上，日本不少地方仍保存著「新月信仰」。

所謂的新月信仰，就是「每當新月昇起或西沈時以豆腐祭拜預防疾病」。

從月光帶給人類影響變成除魔、除厄，其實是基於既然無法抵抗自然巨大力量，不如有效利用自然力量造福人群。

不知是不是這項習慣演變而來，靜岡縣一帶流行「在新月時以豆腐祭拜祈求幸運，可增加財運」，至今仍然流傳「祭拜新月」的習慣。

長「雞眼」的痛苦，非當事人很難體會，有些地方流傳著，在新月時對著月亮祭拜，便可輕易取下雞眼。坦白說，雞眼和月光沒什麼關係，但自古人們即了解月光對精神狀態、健康狀態產生影響的這件事實，值得研究學者重視。

美國的邁阿密有一家傑克遜・梅莫利阿姆醫院，注意到「在某一定周期間，患者的行動便出現異常混亂」，醫生們從各種角度進行分析，卻始終找不出理由。

但護士間卻流行一句話，「這個周期每當滿月必定巡禮一次，好像月亮在擾亂人心」。

於是醫生也開始注意月亮律動，從實際醫學資料顯示，患者病狀之混亂，與滿月時間一致。

急救室人員一聽到這項設計結果，也開始研究手邊資料，結果發現救助急救中心的患者數量也多集中在滿月，這一點使人不得不懷疑，月光中隱藏著混亂人心的波長。

世界各地吸血鬼傳說之謎

青白的月光下，白天人群往來的街道已經沈浸一片黑暗中，森林也只是被漆黑包圍著，四周只剩下青白神秘的月光。

月光照著一個背影，從身影看來，那是屬於上流階級的紳士，不是貴族就是騎士。

但一瞬間，月光照出男子的臉龐，怎麼了？男子的眼睛像野生動物般猙獰。

更恐怖的是那張大口及尖牙，唇邊還沾著血跡，仔細一看，男子身旁倒著一位面色蒼白的年輕美女……。男子一到深夜即變成專吸處女血的吸血鬼。

男子繼續在街上尋找獵物，不時發出嗚嗚嗚……的低吠聲，在月光照射下，男子緩步前進……，男子改變方向，朝這方走來，兩個眼睛中清晰映出今宵的滿月。不久，從男子消失身影的方向傳來尖銳的悲鳴聲，第二個犧牲者的血祭！

這種吸血鬼傳說在世界各地流傳著，以此傳說為基盤的有名小說『杜拉克拉』於是誕生。『杜拉克拉』的故事在羅馬尼亞展開，特朗西巴尼亞地方的城主杜拉克拉伯爵，死後還依賴吸人血而活，為求生之禮讚，十九世紀末，他來到維多利亞文化絢爛開花的倫敦街道。平日溫厚的紳士，一到夜裡便原貌畢露，變成吸處女血的吸血鬼。

這篇小說據說是以真實故事改編而成，文中殘忍的杜拉克拉，據說就是十五世紀住在現在溪格利的王族普拉杜・傑伯修。

中世紀對人類生命的價值觀與現在根本不同，在國王眼中，平民生命有如螻蟻。普拉杜・傑伯修不僅吸生人的血，還以虐待庶民為樂，這在當時看來，根本沒什麼。人們流傳下來這種殘虐行為的印象，便是國王殘虐性與月亮周期一致。

一到滿月之夜，好像就忍不住想喝生血，從現代醫學來分析，普拉杜•傑伯修因月周期的影響，滿月夜的焦躁狀態比平日更甚數倍，於是出現了比平日更甚的殘虐行為。

狩獵時代的人類嚮往變成狼

看過『與狼共舞』的人，大概會對狼與人的親近留下深刻印象。

現代人認為狼是殘忍凶暴的動物，但原來與狗同種的狼，經常出現在山野、平原，與人類維持「良好」關係，就像現在的狗一樣。

狼之所以讓人們留下殘忍凶暴的印象，大概是狼為了親近人，而攻擊羊群所致。

人類本來一定是草食動物，後來才演變成肉食動物。其發端應該是冰河時期來臨，草、穀、木均不見的淒涼情況下，光賴草食無法維生，於是食用某種生肉，此為環境大改變所造成。

但當時草食動物的人類不善於狩獵，於是便向上蒼祈禱希望成為狩獵高手，而與人類最接近的狼不就是狩獵高手嗎？

人類在面臨飢餓的狀況下，便拜託法師祈禱「擁有像狼一樣的狩獵手腕」，有些更祈求能像狼一樣……。這就是狼信仰的根據。

人類只要在生活中堅定信念不斷祈禱，便能受到感應，敏感的神經也能察覺周圍的變化。「希望像狼一樣」的祈禱，使得人類在滿月的誘惑下向山野出發，盼望能像狼一樣捕捉獵物，這就是狩獵時代人類的通病。

變身狼人的咒文是什麼？

日本的狼與「大神」發音相同，從語源看來，古代視狼為神聖、聰明的動物。實際上，古人對狼的景仰程度遠高於恐懼程度，「希望變成狼」的真實故事，有不少流傳至今。

例如希臘時代，在人類歷史上留下第一個理想村落美名的阿卡迪亞，住在當地的居民便將狼當成神祭拜。他們心甘情願獻上自己的小孩當供品，這種事被稱為是忠孝之舉，各位一定很吃驚吧！在祭壇上，親眼見到自己的孩子被刀切割、流出大量鮮血，並在儀式後吃著眼前被刀切割的小孩肉。

為什麼能夠超越這種煉獄之苦呢？因為背後有「吃供奉給狼的肉之後，自己也能變成狼」，或「來世一定能夠成為狼」的信仰支撐。

但再怎麼希望變成狼，這種吃自己小孩肉的悲痛，實非筆墨所能形容。就這樣，對於小孩的思念心情逐漸轉變為「憎恨狼」的感情，不久之後，便形成認為狼是殘虐動物的觀念。

中世紀有一段時間非常希望回到古希臘時代，也許這種傾向喚回了對狼的信仰。中世紀有希望變成狼人者在滿月之夜進行下列儀式：

滿月之夜，一個人腰際披上狼毛皮，獨自登上當地最高山峰，然後站在山頂或斷崖絕壁等彷彿手觸摸得到月亮之處，當在腳旁畫一個大圓，在圓中央焚火烹煮大量藥草。

藥草混雜的各種香味出現時，便加進貓或野兔、狐狸的脂肪和血，繼續烹煮，最後再加入鴉片之類的痲藥，煮至成泥狀。

等這些藥草冷卻時，正好滿月到天空中央，這時將泥狀藥草塗滿全身，一邊唸下述咒語：

「神啊！神啊！讓我變成狼人，讓我變成吃男人的狼人，讓我變成吃女人的狼人，讓我變成吃小孩的狼人；請賜給我血，賜給我人的血，請今宵給我機會；偉大的神，偉大的狼人，我的身體，我的魂魄，我的心全部獻給你，請讓我成為你的僕人，請讓我成為和你一樣的狼人。」

如此拚命努力祈禱後，訊息便傳至上天，不久，他就能變成狼人。齒如獸牙般尖銳，手足細長，接著全身覆蓋銀色的毛，手足利爪如新月般銳利，並且呈現一個大圓弧形……。

或許這是實話。想想看，滿月之夜只有一個人在深山裡虔誠地祈禱，必定會受到某種感應，否則月亮也會對人類人體造成陰陽雙重影響，不久，滿月效果便控制全身，當滿月到達中天時，他自己心裡的堅定信念已經使他自覺是個狼人。

人類本來就和生存在山野的「野獸」一樣，因此自覺為狼人後，人的思考、良心便消失殆盡，心靈深處浮現原始的野獸風貌，這種獸性支配著他，使他的面貌也變成如狼一般。

狼人只在滿月之夜才會變成狼人，一旦日出便恢復「普通人」，因為滿月威力消失的緣故。由此可知，狼人的種種傳說，只不過是在述說月亮所擁有不可思議的巨大威力。

『吉卡爾博士與哈特先生』也和滿月及新月有關

每個人都有隱藏在心靈深處的另外一面，這一面與表現出來的那一面正好相反，就如各位所熟悉的雙重人格一詞。有句話說「那傢伙好像吉卡爾與哈特喲！」究竟吉卡爾與哈特是誰？

『吉卡爾博士與哈特先生』是英國小說家R・H・史蒂芬生的作品，於一八九六年發表，問世後即備受各方矚目與議論。

故事的主角吉卡爾博士是位溫文儒雅、值得尊敬的學者，然而博士周圍相繼發生震驚社會的悲慘殺人事件。不久，兇手被捉到了，是哈特先生，令人驚訝的是，吉卡爾與哈特竟是同一個人。

史蒂芬生以真實人物為背景創造此作品，作者史蒂芬生想表現的主題是：「每個人心中都潛伏善與惡的戰爭」，事實上，這本小說還包含了月亮驚人的威力。

小說架構的基礎是發生在英格蘭地方的查理斯‧哈特殺人鬼事件。

哈特每在滿月與新月之夜，便一變而成殘忍的殺人狂。

雖然他不是狼人，但當月亮消逝在西空時，他便恢復正常男子，而且毫不記得自己昨夜做了什麼事。

當然，哈特被逮捕了。不過，他向法庭主張：「月亮擾亂自己的心，自己也是被害者。」

這種主張到底能不能被法庭採用呢？這是對月亮威力有興趣的人最關心的。

他的主張引起各界爭論，但最後沒被認可，於一八五四年下獄、判處死刑……。

其他因月圓、月缺引起精神異常而犯罪的例子不勝枚舉，但至今對於月亮威力並沒有進一步的研究，「月亮引起犯罪」的理由從未被認可。

不過，今日月亮威力之謎漸漸明朗化，很明顯地，他們是因月的運行而身心受影響，結果造成異常、凶暴的行動。

受月光影響而改變人格的現代狼人哈特先生，只要他一變成「狼人」，就連一點「自己現在在做什麽」的自覺、意識也沒有。

值得注意的是，這種毫無自覺的狀態容易與犯罪聯結。

犯罪史上備受注目的「割喉事件」，發生在英國約克夏，大約每二週就會有一位女性被割喉嚨殺害，而且犧牲者都是過夜生活的夜蝴蝶，事件被解釋成「性變態者對女性的復仇」。

結果犯人是一位非常平凡的水管工人，當法庭仔細調查所有事件背景，發現每一事件發生時間不是滿月就是新月。

犯人好像隨著月亮節奏行動，每當滿月時，一旦月亮到達中天，他心中就有連自己也無法說明的激動，想看血、想聞血、想要年輕女性的血……。這個時間在路上遇到的差不多都是過夜生活的女人，結果就造成夜蝴蝶殺人事件。

為什麽都只割女性的喉嚨呢？因為他不是以殺人為目的，只是想看血、想聞血腥味、想吸血……，只是這股衝動而已。

自己好像不是自己

割喉事件數年後，一九八〇年英國又發生類似事件。前者犯人只以夜生活女人為目標。但此次事件受害者中也有「一般」女性，殺人方法是用刀刺胸部或喉嚨。由於目標非特定女性，所以搜查過程相當困難，犯人好像怨恨女性，只要是女性就下毒手，一般推測一定是心理變態者，結果卻出乎意料，犯人是位極普通的平凡男子。

他是不是二十世紀的狼人？從這方面推敲，整個事件就很明朗化了。現代女性在夜裡生活很頻繁，所以被害人當中有「一般女性」。

此事件兇手經精神鑑定結果為精神錯亂。雖然當局不願明講，但從各項資料顯示事實加以推測，這個男子就是二十世紀末的「狼人」。

為什麼當局閉口不談這項事實呢？因為如果明白告訴大衆狼人存在的事實，必定會引起一陣大騷動，而且事情攞上檯面後，必定會有第二位、第三位狼人出現，甚至誘發「假狼人」犯罪。

只要在殺人之後無辜地表示：「我是狼人。滿月夜一到，我就好像變了一個人似的，根本不知道自己做了什麼事情。」這種狀態下如何判刑呢？為了不讓惡意犯罪者有此藉口，所以當局便絕口不提割喉事件背後潛藏的月亮威力。

常常在逮捕殘忍殺人凶手後，周圍會出現一片驚訝聲：「他平常人很好啊！怎麼可能殺人呢？」

是不是犯罪那夜的月亮有什麼特別？也許有必要改變思考角度。

有人容易受月亮影響

羅達已經和心愛的男子訂婚，是位沈醉在幸福中的女人。但在某個滿月夜，不知為什麼，心情很輕浮，不但和未婚夫的弟弟約會，而且發生性關係。

奇怪的還不只羅達一個人而已。羅達的母親是一位賢淑婉約的中年女性，有一夜，卻從後門溜出與偶然間相遇的男子約會飲酒。

羅達的父親也在滿月的誘惑下深夜外出散步，他佇立在河堤的另一端，鼻頭哼著歌，一邊手舞足蹈地跳著，與平日嚴肅相貌完全不同。

這位老人對著月亮又唱又跳，連周圍的狗都群起共鳴，好像在紓發苦悶地狂吠……。月

亮在高空光輝地照映著……。這就是電影『月光閃爍的夜晚』之劇情，相當受到好評。

像這種在「月光閃爍的夜晚」，始終沈靜不下來，做出反常行為的例子不少。歐美有些人沐浴在月光中，便會一反常態做出怪事。

十八世紀就有一位著名的英國醫生理查•密特，注意到同事彼得肯特醫生奇怪的症狀，於是彙整出如下一篇報告：

「彼得肯特博士每二星期就有一次會在早上九點左右訴說頭暈目眩，有時候出現流鼻血症狀，由於期間一定，於是將記錄加以分析後發現，每一次都是在新月翌日早晨，很明顯地，他是容易受月亮影響的人。」

因月亮律動使精神狀態改變時，女性的表情也會產生變化，研究者奇里海倫克先生有一位女性朋友，她的臉就會隨著月亮運行時圓時扁。

「是不是和月經周期有關？」調查結果發現月經周期和她的臉型胖瘦沒有特別關係。由此可知，她是屬於依月亮周期改變體質的人。

月亮會對正常人產生什麼影響？前面已經提到過了。科學家保羅、法蘭西斯•貝克、亨利•莫亞也承認：「月亮會對人類的身體、心靈造成某種影響，這是不容置疑的。」

在金門橋自殺者以滿月夜居多

有一位學者注意到這種事實，於是對月亮周期性與人類行動周期性進行學術性整埋與分析，這就是醫學博士A・L・利伯博士。

利伯博士將研究結果寫成『月的魔力』一書，問世後得到的迴響超乎想像。

照利伯博士的說法，月亮與人類行動關係之密切超乎想像，滿月之夜不僅是殺人事件增加而已，連自殺事件也增加。

美國舊金山有一座金門大橋，此處是自殺有名的地方，從橋上縱身往下跳後，很多屍體並沒有浮上來，所以正確數目並不十分清楚，但據目擊者表示，滿月夜就有九件自殺事件。其他夜裡被看到的自殺大多是一、二件，因此落差相當大。

我想這並不是自殺者故意選在滿月夜自殺以示誇耀，而是滿月夜有某種異常魔力，使得人心興奮，這種威力來自月亮。

有幾份報告即支持這種主張。

據紐約市精神科醫生阿拉・克特博士表示，滿月夜前來求診者絡繹不絕，而且當滿月到達中天時刻，那些原本差不多已經恢復的病患會出現奇怪的行動，就連電話聲也會令患者驚嚇。

另一方面，國會議員也會在滿月夜接到莫名其妙的陳情電話。

「一到辦公室，秘書就立刻怒氣地報告：『昨晚克萊奇的電話又來了！』這一天一定是滿月的隔天早晨，這種事情已經發生很長一段時間了。」（馬薩州的國會議員傑利・史塔先生）

夫妻吵架也容易發生在滿月之夜。喬治亞州地方推事就表示：「滿月夜夫妻發生摩擦的例子很多，而且通常都一發不可收拾。」

如上所述，滿月實在充滿擾亂人心的威力，對人心產生各種作用。

諾伊休布休太城是月亮賜予之物？

日本觀光客最喜愛的觀光點之一，即德國的羅曼蒂克街道，這街道有幾個中世紀城市，但風貌之美無一比得上諾伊休布休太城。

十九世紀巴巴里地方國王路特易二世所建的這個城市，是他生命的舞台，路特易二世不

斷追求美的事物，在他生涯中建造無以計數的城堡，其中集大成者即此座諾伊休布休太城。

路特易二世建造這個城時有個願望，那就是「希望建一座月亮宮殿」，期待在此城堡完成後，能在城上眺望照亮整個天空的月亮。

中世紀的國王們都是藝術家的庇護者，大多對於文化活動有很深的造詣，尤其是路特易二世對藝術的崇拜，更是異於一般國王。

他不但醉心於華格那，更滿心希望「親手建造華格那劇場中的城堡，希望擁有那座城堡」，因此，他力排衆議，以接受月亮光芒為理由，將建築城堡的場所挑選在岩石山頂上。

建造過程備極艱辛，不但花費不貲，更犧牲了無以數計的工人，為了建造這座城堡，巴巴里亞帝國的經濟面臨崩潰，大臣們開始商量讓路特易二世退位。

大臣們的擔心並非毫無根據，因為路特易二世的異行與日俱增，隨著諾伊休布休太城的完工日逼近，大家都看得出其「擾亂心靈」的程度。

國王不等城堡完工，便急著遷移至諾伊休布休太城，而且企盼滿月夜來臨，說穿了，這座城堡不就是為了這一夜而建的嗎？

路特易二世醉心於月光中，一個人陷入沈思……，他使退大臣、隨從，獨自一人關在最能夠享受到月光的房間內。

隔天早晨，侍從們打開國王獨處的房間，卻不見國王蹤跡，於是在廣大的城堡中搜尋，最後發現國王投身中庭水池內，已經氣絕了。

這個諾伊休布休太城悲劇故事所隱藏的魔力也是月亮。人們均稱路特易二世為「依月國王」，而稱諾伊休布休太城為「悲劇的月宮」。

諷刺的是，導致巴巴里亞帝國面臨破產的諾伊休布休太城，現在竟成為德國觀光勝地，每年為德國賺進不少外匯，從這層意義而言，路特易二世對美麗的執著，在德國開花結果。

此外，描述路特易二世生涯的電影『神的晚餐』，也許是電影史上流傳最久的名作，而路特易二世與月亮之間不可思議的關係，至少也讓現代人了解歷史上存在著此一奇妙的事實。

利用月亮威力組成創造集團

既然月亮具有使人行動積極的力量，那麼何不好好利用月亮呢？

日本發明學會在每個月的滿月有一次聚會。發明是大腦活動的一種「爆發」，亦即平日潛藏在意識中的思想浮上檯面、開花結果。月光就具有使創造力提高的神秘牽引力嗎？

十八世紀在英國發明蒸氣的瓦特、發現氧的帕米高學派，都是在月夜裡集會，交談自然界不可思議的現象，才發現新事物。

身上裹著大風衣的紳士們，三五成群集結在月光下的光景像謎一樣，可以想像，他們的話題一定遠離自然界，而傾向神。

京都工商會議所的小沢司先生，是從嶄新觀點展開市場銷售理論的銷售專家。幾年前，他發表「月亮引索」報告時，備受銷售界的注目，據小沢先生表示，月亮對人類深層心理的作用，可利用於銷售方面。

人類是只要些微刺激就能產生反應的生物，因此可以利用「意識刺激法」，亦即給予本人自覺不到程度的刺激，便能產生驚人反應。

以前日本有一齣很受歡迎的節目『刑事案件』，兇手一定能在自己所提出不在場證明時間之內殺害對方，絲毫不露出破綻。

兇手是電影工作者，他會在想殺害對方的影片試映會上，並且在影片上映中，引誘對方至走廊，快速地在走廊射殺被害人，然後再從容不迫地進入會場（只有短短一～二分鐘，誰都不會注意到他離開過試映會場，屬於智慧型犯罪），不在場證明毫無瑕疵。

這時犯人所使用的技巧就是意識刺激。犯人在被害者開演前誘其吃下大量魚子醬，然後在底片中插入一～二杯水的底片。

人的視力看不到這段有水的底片，也就是本人沒有看見水的自覺，但意識卻受到刺激，由於吃了過鹹的魚子醬，所以喉嚨乾渴得不得了，被害人難以抑制想飲水的衝動。時間依犯人所計算，當被害者衝出毫無人跡的走廊飲水時，躲在門後的兇手便伺機下手。這就是典型的意識效果。

月亮是藝術之母

月亮威力和意識效果很相似，現代人沒有自覺受月亮威力影響，但並不能證明月亮不會對人的意識產生什麼作用。這麼說起來，小沢先生主張的「利用月亮威力影響銷售」就相當具有說服力。

實際上，最近以月亮為主題的作品很明顯有增加的趨勢，像菲利克・菲力尼導演的『月亮之男』、馬莎舞蹈團的『月之誘惑』，還有一九八八年於巴黎國際電影展中榮獲多項大獎的『靠近・黑暗～月夜發生的事』等片均受好評。

『靠近・黑暗～月夜發生的事』一片即描寫在美麗的月夜，約會中的男女內心都有一份激動，但這個女性正是一位吸血鬼。到了二十世紀，吸血鬼也變成女性了，從現代觀點解釋很有趣。

在日本也有遊學月亮的新進藝術家所組成的集團。以松岡正剛先生為中心的這個團體，悄悄在東京渋谷的某處集會，交談月亮不可思議的話題，並互相評論以月亮為主題的作品，會員還包括了長新太、楠田枝里子、南伸坊、中井英夫等人。

演戲生動活潑的渡邊子發表過「在月亮睡覺的人」，遽然去逝的天才歌手尾崎豐也創造了「自由月亮」的作品。

諸如上述思緒纖細的藝術工作者，從月亮獲得藝術靈感絕非偶然。

能實現愛情願望的月光石威力

印度人相信：「映射月亮威力的貴重寶石月光石，具有神奇的力量」。月光石綻放出柔和半透明光芒，與真珠同為六月的誕生石。

印度自古以來即流傳月光在地面結晶成月光石，期待愛情的年輕人或女性朋友，認為月光石具有和月光一樣的威力，就像守護神一樣守護著自己，只要擁有月光石，就能在滿月之夜與愛人相遇。

據說月光石還能夠「賜予人類超智慧」，古代印度神官們，在滿月之夜口含月光石，對著月亮虔誠地祈禱，努力傾聽天神傳達的聲音。

在美麗的滿月夜裡，帶著月光石向月亮誠摯地祈禱，你的願望便能實現，如果你有非常傾心的對象，不妨將願望寄託月光石傳達。

對著月亮將願望紓發予月光石，然後將月光石送給對方保存，相信月亮一定會對那個人的意識產生作用，發揮意識效果。

除了印度人之外，中國人也相信月光的威力。賞月風俗在日本、韓國等亞洲國家很盛行，但中國人的賞月活動比較與衆不同。

中國每當中秋節日，便全家至附近最高場所，亦即最接近月亮之處，虔誠地向祖先祭拜，然後全家一起向月亮祈禱。

祈禱所需物品為月餅，儀式結束後大伙兒邊吃月餅邊踏上歸程。據說月餅價錢相當昂貴，以如此昂貴的月餅祭拜月亮，可見中國人對月亮重視的程度，賞月活動也持續至深夜。

這種風習應該不會毫無根據，如果沒有任何益處，絕對不會流傳至今，一定是中國五千年歷史深深了解月亮的威力，因此產生「月亮信仰」。

第三章

暴力事件與月亮周期有關

月夜喋血連續殺人事件

一九七六年七月二十九日深夜一點，紐約布魯克林有位年輕女性突然遭槍殺。被害人多娜•羅利亞是位十八歲少女，事件發生當時正和朋友在車上聊天，同伴也是一位十八歲的女性。

「在此深夜中，到底為什麼？」

其實美國地區夜晚一點還在街上聊天的情形並不稀奇，而這麼平凡的女子只是在聊天而已啊！根本做夢也想不到會遭來殺身之禍。

有一輛驕車駛近她們，在隔了二輛車的地方停下來，然後一個男子下車靠近她們，但正沈醉於談話中的女性，並沒注意到男子的舉動。

男子走到她們車旁，從紙袋中掏出一把槍，然後從車旁連發五顆子彈擊斃多娜，身旁的女伴在黑暗中發出震耳的悲鳴。犯人隨即返回他自己的車上，若無其事地駕車離去。

接到報案的布魯克林警察局，並不那麼感到驚訝，因為在布魯克林，這類犯罪思空見慣，說得坦白一點，不論在何時何處都可能有人被殺，這就是現代美國的真相。光是一個紐約市，一年就有超過二千個人被殺害，所以警察已見怪不怪了。

但此殺人事件還有後續動作……。從此以後每隔四、五週，就發生相同手法殺人事件。第二次是在夏後深秋的十月二十三日，這次事件發生在昆士區法蘭西克，狀況和第一次幾乎一模一樣，兇手連發三槍，所幸無人死亡。

之後陸續發生類似事件，直到第五次事件發生後，才出現「是不是同一兇手」的聲音。當市長與警察局長在記者會上發表這項見解後一個月，接到兇手的訊息，一位自稱「沙門之子」的男子發表犯罪宣言。

他要求會見警察局長，好像在誇耀自己連續殺人的犯罪行為一般，此兇手之異常與對於殺人的執著，使布魯克林一帶籠罩在恐怖氣氛當中。

犯人更利用大衆傳播發表各種資訊，公然向警察當局挑戰。

如此一來，警察也表現出該有的回應行動。紐約市以狄莫西•丁•達特擔任總指揮，組成一個刑事七十五人、制服警官二二五人的特別搜查班底，展開前所未有的大規模搜查行動。最後終於逮捕到駕駛計程車的大衛•巴克威。但在事件發生至逮捕兇手這五十四週期間，已經有六人喪命、六人生命垂危。

有一句話說「逮捕幽靈……」，被逮捕的大衛是一個沒有任何特徵的極普通市民，除了

「沙門之子」以外，沒留下任何證據，所以當局在逮捕人犯上相當棘手，一共過濾了七千名嫌疑犯。

逮捕兇手後才知道，「沙門之子」這個名稱一點意義也沒有，「沙門」是一位大衛鄰居老人的名字，而大衛非常喜愛這位老人所飼養的一隻拉普拉多狗，理由就這麼簡單。「沙門」一詞把警方弄得一團亂，結果這個名字卻一點關係也沒有。

「沙門之子」在滿月夜變身

「沙門之子」被逮捕是在一件違反停車規則的偶然事件裡，但隨著整個事件內容的明朗化，雖然兇手在殺害多人後才被逮捕，但沒有人責怪市警察局，因為「沙門之子殺人與滿月有關」。

取名「沙門之子」的大衛是一位極平凡的市民，但接受滿月光照射後，就好像變成「狠人」一樣，突然換成另外一個人。

依「沙門之子」本人的供詞，每當滿月之夜，六千歲的惡魔便會加諸其身。實際上在他殺人的六次中，有五次正值滿月或新月之夜。

大衛向法庭解釋如下：

「六千歲的惡魔像命令狗似地對我發出殺人指令，我不得不遵從。」

結果正如大衆猜測一樣，美國裁判採陪審員制度，而民選的陪審員們並不理解這種「滿月之夜六千歲惡魔會附身在大衛身上」的說法。

結果，他以殺死六人、使六人受重傷、持有非法槍械等罪名被起訴（罪名多達二十七件），判處五四七年徒刑（紐約沒有死刑）。換言之，大衛的餘生必須在紐約市監獄渡過。

在監獄裡，滿月或新月之夜，大衛是如何渡過的呢？「六千歲的惡魔」不會也在監獄裡發揮威力吧！這個問題的確很有趣。

發現「沙門之子」事件與月亮周期關聯性的E・A・賈尼諾博士，也說明了其他幾則「月亮引發殺人事件」。發生於一九五八年，一名父親殺死六位子女這種難以令人相信的慘劇，以及福特總統被槍殺的事件，都是發生在滿月之夜。

滿月之夜殺人事件多

博士的話可說是經驗的寶庫，任何事情都有複雜的一面，並非都像吃飯那般簡單，凡事均必須以認真的態度累積多數經驗，並且在過程當中掌握確實體驗，最後轉換成偉大發現。

紐約一帶警察機關或消防隊員之間，經常傳出「滿月那夜忙得不得了」的聲音，甚至有人公然提議，「增加滿月夜的值勤人員，否則根本忙不過來」，為什麼呢？因為滿月夜不但傷害事件此起彼落，連火災件數也增加，調查其原因，竟然許多事件起因於縱火者的心情不好，這種現象根本防不勝防。

在全國警察集會當中，這類話題愈來愈流行，不時聽到警局人員表示：「真是不可思議，我那區也發現一模一樣的現象，當今晚突然案件增加時，抬頭一看，一定是滿月在天空照耀。」

邁阿密警察局人員首先毫不隱瞞地公開表示：我的轄區屬於觀光區，很多人在月光的引誘下喝酒後至戶外散步，所以在月光明亮的夜晚總是特別忙碌，難道你們紐約這種大都市也發生這種現象嗎？聽起來似乎是月亮牽引人犯罪似的。」

消防人員的反應也一樣，有一位馬尼威爾•拜茲消防隊員就對救災實際發生狀況進行統計，在他所執勤的黑尼克市，每當滿月之夜，打電話求救的百姓就比平常增加一〇～二〇％。

不管怎麼說，月亮對我們心理造成的影響不容置疑，其牽引爆發力行動的威力更是巨大。月亮不但能使戀愛行動積極，更能誘發如殺人般凶暴的行動。

月亮威力刺激本能

著眼於此點的是『月之魔力』作者利伯博士。從某種層面而言，也許可以說利伯博士正是受月亮魅力引誘者之一。

利伯博士是精神科醫生，他在賈克森‧瑪利亞醫院實習時，即耳聞滿月夜的傷害事件受傷、犧牲者特別多，從那時候開始，利伯博士腦海中就有著「月亮威力不小」的念頭。

有的精神科乾脆在月夜裡增加執勤醫師，根據以往經驗，每當月光閃閃發亮的夜裡，不但夜間應診的患者增加，住院病患的病情惡化趨勢也增高。

利伯博士心裡就有個想法，如果患者們的發作、反應和月亮有關係的話，不正可以利用此關係找出使患者症狀減輕的方法嗎？

利伯博士假設「月亮使人的感情大亂，並且刺激人類暴力本能，使暴力行為增加」成立，開始調查殺人事件發生件數。

殺人事件均經詳細記錄，最重要的不是人實際死亡時刻，而是暴力實際發生時刻，也就是確實的殺人、傷害時刻。

人最容易衝動、發生暴行的時刻是什麼時候？這和月亮運行有關嗎？

一開始，利伯博士便選擇「殺人事件榜首」的紐約為研究舞台。

但紐約一天發生約六～七件殺人事件，而其正確犯罪時刻的資料並不齊全。因為資料上顯示的只是死亡時刻，不，正確說法應該是屍體發現時刻，尤其是死亡多時的屍體，只能推測死亡時間。

就在利伯博士死心蹋地尋找資料時，發現邁阿密有一位喬瑟夫•大衛檢察官，他是一位非常認真的檢察官，完整地調查二〇〇八件死亡資料，並將資料完整地以電腦建檔。

利伯博士與大衛檢察官取得聯絡，並說明研究內容請求協助，立刻獲得大衛檢察官的首肯。

首先，利伯博士將二〇〇八件傷害事件發生時刻換算成陰曆，並將陽曆反映的資料，例如週末飲酒過多、發薪日等要素除去。

在陰曆方面，氣象學者採用的是「月合曆」。經過換算後，便可測出事件與月齡的關係

將結果以曲線顯示時，利伯博士不禁懷疑自己的眼睛，他不但反覆操作電腦畫面，並再。

三檢查有沒有錯誤發生。

殺人事件發生最多時刻是在滿月夜。如果當天發生一百件，則新月夜為九十件，上下弦月約為六十五件左右，很明顯看出滿月夜殺人事件最多。

「沙門之子」所說的「六千歲惡魔」，不僅附身於大衛而已，還會對其他人產生動力。至少根據資料統計，「六千歲惡魔」就是「月亮」的證明，可以說處在非常有利的位置。

除了前述之大衛檢察官之外，查波卡郡也有一位檢察官表示：「我妥善保存了殺害發生時刻資料。」

為了慎重起見，這方資料也加以分析，結果發現查波卡郡的殺人事件集中在滿月及新月的三日後，上下弦月則明顯滑落，大約有三日時差。

螃蟹及倉鼠奇妙的活動節奏

找到這項資料的利伯博士因「無法證明滿月誘發殺人事件」而感到沮喪。但曲線表示的圖形以三天為周期呈現顛峰與谷底又是怎麼一回事呢？如果毫無關係，又怎麼會以三天為周期描繪出那麼完美的曲線呢？曲線本來應該是不規則的啊！

於是利伯博士注意到海潮的漲退，海潮漲退因地域別而有時差，如果海潮時差與二處曲線顛峰差一致，不就可以證明月亮的影響力了嗎？

利伯博士立刻對月亮周期與生體活動展開研究調查，於是找到了在伊利諾州艾堡斯頓進行生體律動研究的法蘭克·布朗博士的研究資料。

依布朗博士的研究，生體與月亮周期有很密切的關係。布朗博士研究牡蠣、螃蟹等水中生物，以及倉鼠之活動與月亮周期的關聯性。結果發現倉鼠的活動顛峰期，正好是滿月、新月每隔三天一周期。

艾堡斯頓位於北緯四十二度，查波卡郡位於北緯四十一度三十分，幾乎是同緯度，換句話說，此地（如果附近有海）漲潮時，漲潮顛峰應該與月亮周期差三天。

倉鼠的代謝活動與月亮周期引起的海潮漲退很明顯呈現一致。另外，倉鼠活動的顛峰時期，也與查波卡郡殺人事件顛峰期一致。沒想到除了月的圓缺外，人也受海潮漲退的影響。

月光之謎

利伯博士對自己的假設得到證明，驚愕得幾近於感動，這麼重大的事實，為什麼以前都沒發現呢？為什麼自己被選來當此重大發現的當事人？

人類經驗已經知道月亮誘發殺人事件的事實。莎士比亞的三大悲劇之一『奧賽羅』，劇中主角奧賽羅因人挑撥引發嫉妒心，而殺死忠實的妻子德斯底蒙娜。這件事也怪罪於「月亮」。

奧賽羅描述如下：

「月亮好像脫離了軌道，比平常靠近地球，使人心狂亂。」

在莎士比亞活躍的十七世紀初期，人們相信月亮擁有神奇魔力。約過了二世紀，到達十九世紀末，『倫敦新聞』雜誌記載，倫敦犯罪發生件數與月亮周期重疊，警告大衆滿月夜常發生殺人事件。

事實上，蘇格蘭警衛隊已經在滿月前後增加人數，不單純只是因為新聞記事，而是從經驗得知，滿月前後事件發生率比一般高。

再將時光倒轉，日本人也知道月亮困惑人心。平安時代的故事『竹取物語』，一對沒有小孩的老夫婦從竹子裡抱出小嬰兒，高興得撫育她長大成人，長成美女的竹姬受到包含國王在內的五位男子求婚，但竹姬不想與這五位男子的任何一位結婚，於是告別老夫婦，展開孤獨之旅。故事中的竹姬就是來自月亮的仙女。

此故事中表現月亮之美，只不過是當時人類的編造，但其中有一句話值得注意，就是「忌諱看月亮的臉」，當時已經有月光擾亂人心的傳言。

『竹取物語』是從中國傳到日本的傳說，換句話說，古代中國人已經察覺月光會擾亂人的行動。

暴力、殺人、交通事故的周期也一致

一九七二年七月，美國學會報中記載利伯博士有關「殺人行為與月亮周期」的研究。美國境內對此「發現」很重視，因為利伯博士的研究，用科學證實了人們感到茫然的事。

從此之後，各地相繼展開與利伯博士相同方法的研究，累積各種資料。

貝克羅・萊特研究所，以馬姆斯特洛博士為中心，成立了一個組織，對於加州阿拉美達郡與科羅拉多州坦拔郡所發生的多數殺人事件資料，從各種角度加以分析，結果發現殺人事件顛峰期與月亮周期一致，巧的是自殺者也多選在滿月夜。

前面介紹過以自殺聞名的舊金山金門橋，跳河自殺的例子以滿月夜居多，後來，每當滿月之夜，金門橋附近便加強巡邏。

此外，將交通事件發生時間加以統計分析，也發現滿月夜異常多數。在滿月夜最引人注意的交通事件，就是瘋狂地猛加油門，造成車輛劇烈相撞事故，結果車輛面目全非、駕駛人當場死亡。

如果冷靜一點，這種事故應該不會發生，在此也令人聯想到月亮威力。

美國犯罪事件當中，無法被忽視的是搶劫，搶劫事件也在滿月夜出現顛峰，新月夜則是另一個顛峰。

在美國生活或旅行，最好控制自己別受美麗月光誘惑而外出散步，因為月夜裡，「狼人」不知潛藏在何處，尤其是女性，獨自在月夜中的海邊漫步，就像「狼人」的餌一樣。

雖然科學研究如此顯示，但也不是沒有人對利伯博士「人類暴力行為與月亮周期有關聯」一說持異論，有些學者認為，說什麼月亮會影響人的行動，那只不過是民智未開的迷信而已。

尤其是波奇尼醫學博士與傑姆吉姆醫學博士，更發表「月亮影響殺人事件或自殺的說法無科學根據」的論文，明顯與利伯博士對立。

但利伯博士很高興二人的出現，這樣才能使有關月亮的討論內容更豐富，博士也期待藉此能對解開月亮與人類之謎邁進一大步。

太陽、月亮、地球呈一直線時要注意！

現在受世界不景氣影響最大的，正是被稱為「病巨象」的美國。

隨著美國經濟凋零，失業、犯罪到處發生，而且情況愈來愈嚴重。

從前德特郡曾發生這種事件。場所是在一個小鎮，一個誰也不會在意的小鎮，不是高級地區，而是中下份子聚集區。

在此地工作的酒吧女性黛比・奧達，像平日一樣應男客要求搖動裙襬。

「喂！來二客三明治。」

二個粗壯的男人走進來。但這二個男子並沒有特別讓黛比注意。

就在一瞬間，一聲巨響畫破嬉笑聲，黛比看見男子手中的槍枝，並大聲尖叫。

下一瞬間，黛比已經倒在血泊中，男子朝她開了四槍。

利伯博士自從研究律動與人類行動關係以來，習慣每天打開報紙調查報載殺人事件、傷害事件、交通事故等等，然後將每一事件與天體位置表之間的關係輸入電腦。

一段時間後累積了相當程度資料，結果發現同樣是殺人事件，但最不合理、濫殺的殘忍

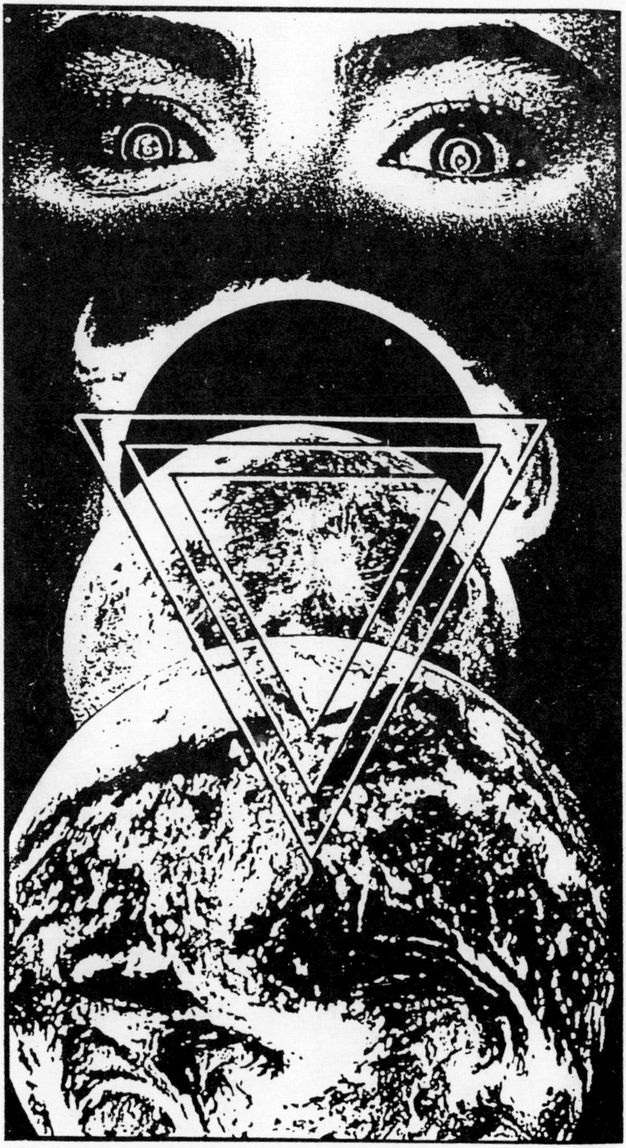

殺人事件，常發生在月亮到達某特定位置之日的前後這種「規則性」。

而這種無法解釋的殘忍行為，多發生於太陽、月亮、地球呈一直線時。這一天，殺人事件的發生數量也激增，而且殺人的動機不可解釋、手段奇怪而殘忍，異常性居高。

在黛比被殺害的前一天，也發生兇殺事件，在腳踏車店工作的蘇格拉斯•強斯，突然遭三名男子持槍要求「交出錢來！」結果強斯在激烈的抵抗之後，很可憐地被射殺了。

同一天，喬治•維拉克在餐廳進餐，就在踏出店門之際，突然遭一名男子持槍喝令：「把手舉起來！」維拉克心想「我也有槍」，就在他想上車拿槍時，陌生男子開槍擊中他的頭部。

他們被殺害的日子均在月亮、太陽、地球呈現一直線的前一天，而黛比被殺害的那一天，正好三個天體呈一橫列。

這三個事件的共通點是，被害人均出現激烈的抵抗動作。

利伯博士愈來愈有自信。「太陽、月亮、地球呈一直線那一天，人類自我意識雖然感覺不到，但實際上會出現異常『暴力』」。而太陽、月亮、地球呈一直線的日子，正是滿月或新月之夜。

在治安惡化、允許持有手槍的美國，「如遇突發性犯罪，絕不要反抗」是為鐵則。

在觀光指南中提到，如果逛街突然遇到人犯持槍相向，「希望準備不使對方發怒程度的現金（一〇〇美元左右）在口袋裡」，而前述三人就是犯了此一鐵則，抵抗而遭殺害。

就如同犯人的暴力行為與太陽、月亮、地球位置有關一樣，激烈抵抗的被害人之「暴動」行為，不也是受天體位置的誘發嗎？

太陽、月亮、地球的位置改變，究竟會造成什麼改變呢？不僅利伯博士，每個人都想知道。

月亮使人敏銳或遲鈍？

不知為什麼，在掌握此暴力事件發生與月亮、太陽、地球排列有關之後，利伯博士訪問了有名生物化學家福蘭克林・布朗博士。二人在某國際會議上相遇後，即保持密切聯繫。

據布朗博士研究發現，牡蠣、馬鈴薯、倉鼠只要在滿月及新月一定會發生反應，但「其反應不見得依照平常方向」，活動是異常活潑嗎？不，正好相反，是異常不活潑。

換句話說，當太陽、月亮、地球呈一直線排列時，動植物的活動會往正、反方向加速。

這項結果如果應用在人類身上，不正可以這麼說嗎？「有些人布滿月或新月夜，不知為什麼會感覺特別激昂，但有些人正好相反，在滿月或新月夜變得特別安靜、陷入沈思」。

第四章

人類潛在律動的秘密

海潮律動對生物進化產生重大影響

「在無盡的波濤下
產真珠　形成海的
洞穴
孕育生命」

這是以進化論聞名的達爾文之祖父艾爾茲馬斯・達爾文遺留下來的詩。

第一章已經提到過，地球上的生物始於海中，以海為出發點，慢慢地進化、演進後，才形成今日豐富的生物體系。

達爾文家從祖父時代就已經察覺此事了，一直到第三代的查爾斯・達爾文才發揚光大。生命始於大海一說，在達爾文出現的上古時代即存在於神話當中。義大利畫家保奇希里的名作「春」，美麗女神愛芙羅蒂在海浪中展現動人美姿。希臘神話中所有的神都來自於大海。

為什麼對生物進化論還不了解的古代人，知道生命始於大海呢？是不是古代人的遺傳子中，被輸入在水中誕生生命的最初瞬間記憶？

查爾斯・達爾文提倡人類由猿進化而來，在他引起大騷動的著作『人類起源』中寫道：「人類從妊娠周期到疾病惡化一切律動，都受到月亮影響。」很明白指出月亮對人類的影響。另外，達爾文也認為，「從人類活動中看得出月亮帶來的影響，這就是人類始於海中原始生命的進化證據」。在達爾文的學說當中，月亮周期與人類行動的相關關係也是進化論基礎之一。

生物是從在海中誕生的小藻般原子生命，經過幾代反覆進化而成，在此過程中，受到每個月二次海潮周期的影響。

既然海潮周期與原始生命體息息相關，則餌的豐富與否和海潮周期一致。餌豐富則生命活動旺盛、生殖活動加速。

相反地，退潮時如果不會隨潮移動，而留在砂岸上，便會死亡。漲潮會對生命體很本能地帶來不安，這種周期從不間斷。

達爾文本身也說道：「海邊的生物一定受海潮強烈的影響。糧食的供給依潮位不同而每週產生變化，而賴此生存的動物生命機能，便持續規則地以一週為周期律動。令人感到不可思議的是，陸上高等動物的各種過程也以週為單位形成律動，如果從脊椎動物也是由與原始動物同類的生物進化而成這點來看，這個事實就可以理解了。」

正如達爾文所言，地球上的生命來自大海，經過無法想像的長久時間，才順應陸上生活。肺魚存在於魚類與兩棲類之間，這種生物進化像鎖一樣聯繫住一點，使之連綿不絕。

性與月亮周期有關

達爾文在『人類起源』中敍述如下：

「人類初期的祖先一定無法排除當水中生物時的習性，因為我們的肺是由氣泡所組成，而且胎兒的脖子上也留有鰓痕。」

原始生命體如果沒有濕氣或水份，必定無法繁衍子孫，因此，即使和其他生物體爭鬥，也一定要往有水、濕氣的場所移動。今日，生殖行動具有某種攻擊性，這是因為殘留原始生命時代「如果不靠競爭取勝，便無法繁殖」的記憶之故。

即使是現代，人的性行動也常伴隨攻擊性，某種人在某種狀況下會產生性暴力行為。

弗洛依德的弟子，也是精神科醫生的桑德•法蘭茲就曾經如此說道：

「性衝動及攻擊慾求和月亮周期有明顯的關聯性，這是因為生命初期是配合月亮律動進行性行動，而且性行為往往伴隨攻擊性。」

原始生命體漸漸進化，形成具備眼、鰭、尾、足的模樣，但無論是什麼樣的過程，月亮的律動都深深刻上痕跡。

法蘭克・布朗博士敍述如下：

「地球上所有的生物，不論在何處生活，其進化初期都是依照太陽、月亮組成之地球物理學律動，而逐漸形成各項機能。」

生物中所印下的太陽律動，因為重複每日規則性，所以與生命最基本活動緊密結合。但月亮是以二週為單位反覆圓缺，意味著不安定的存在，因此進化過程中的激烈變化，便與月亮律動有關。

例如現在，生產或精神興奮等都與月亮關係密切，像紅猿在滿月之夜就情緒不穩，比平日活潑好動。

參差不齊的奇妙生活律動

一般人都有固定的生活習慣，每天差不多時間睡覺、差不多時間起床，這種律動周期是一天，亦即二十四小時，像這樣大約二十四小時周期的生物律動，我們稱為「概日律動」。

有報告指出，人的概日律動受月亮周期相當大的影響。

一九七七年，史丹佛大學醫學部的L・馬爾斯們，在美國科學雜誌『自然科學』中，發表了對一位二十八歲男性的報告，這位男性的心理完全正常，但一生下來就對光沒有感應。

「這位男性和普通人一樣在社會上工作，但白天想睡、夜晚卻睡不著的情況呈周期性出現，一次持續二、三星期，長年困擾著他。

經過詳細檢查，他的體溫、荷爾蒙分泌、尿液電解質排出測定之一切生理機能，均和以二十四・八小時為周期的月亮律動一致，換句話說，他的生物律動和一般人的二十四小時有異。

因為他與生俱來無法感應外界的光變化，所以無法獲得二十四小時周期的概日律動。這個例子對於前述誕生半年以內實施明暗周期同調過程，發現二十四小時即外界的一日『正常律動』而言相當重要。

如果晝夜之明暗周期同調因子被奪去後，人便依照月亮因子進行同調律動。」（取自喰代榮一『在腦內安眠的月亮律動』）

人剛誕生時，視覺還不十分發達，因此配合月亮周期，大概以二十五小時為周期。

而這位男性的場合，睡眠開始時刻正當其住所的漲潮時刻。

事實上，之後日本也出現和這位男性相同的病例，綜合研究起來，多半以二十五小時左右為周期律動，所以與外界周期規則性地差一小時左右。

如果自己的律動能適應外界環境律動時，便能愉快地生活，但若二者不一致時，就會發生惱人症狀，當外界睡眠時間時，自己輾轉難眠；反之，白天則睏得不得了，起都起不來。

這種律動病稱為「非二十四小時睡眠・覺醒症候群」。這種情形也發生在人類以外的動物身上，例如幾乎無視力狀態的松鼠猿猴，觀察其睡眠、覺醒律動，其概日律動也是二十四・八小時。

為什麼光周期被剝奪之後，生物便不配合太陽之晝夜周期，而偏向月亮周期？這對於習慣以太陽為中心的人類而言，真是驚人的事實。

而隨著時間生物學的進步，一九七〇年代後期至一九八〇年代，睡眠、覺醒律動比平常要晚的人明顯增加，這與非二十四小時睡眠、覺醒症候群有些不同，稱為「睡眠相退後症候群」。

這些人的生理生活時刻在夜裡增長，而且至少持續六個月以上。

而他們的特徵是，從幼兒時期起，傍晚至深夜是活動最旺盛的時候，內面活動比平常活潑，社會協調性比較低，人際關係容易流於表面。

但這些人的知識水準高，智商指數達一般平均水準之上。

「他們多半對社會生活產生障礙，這種情形嚴重時，夜晚就很難入睡，在深夜二點以前絕對睡不著覺，到了天亮又醒不來，至少得到十點以後才清醒。

如果遇到連續放假日，沒有時間限制的場合，他們會在二點之後就寢，得到與普通人相同的品質睡眠後，早上十點之後才起床，整個時間往後移。

如果因明天早上有事，非得早起不可而提早就寢時，其睡眠前半會頻頻醒來，出現一種極不安定的睡眠。」（取自前揭書）

這種類型的人雖然拚命努力不遲到，但身體律動卻不理想，只要好不容易等到休息日，便會出現「懶惰病」。這種狀態長久持續，容易陷於自信心喪失或無慾求狀態，或者身體感覺慵懶，出現頭痛、食慾不振、胃不舒服等症狀。

青春期的人會發生腹痛、漲氣、削瘦、月經困難等症狀，醫生診斷結果往往是自律神經失調症、精神耗弱、神經系統衰弱等等。

在治療方面，可以利用生活時間帶遲緩的性質，盡量入院治療，以一週為理想，讓就寢時間提前約三小時，當能配合夜晚十時就寢時間後，便讓病人過二十四小時住院生活為期一個月，如此律動便能恢復正常。不過出院後，律動好像會再出現差異。

晚睡晚起的人，出生後的概日律動在體內形成過程，可以說受到月亮影響，換言之，他們不是「太陽人」，應該稱為「月亮人」。

人腦作用驚人

觀察月亮律動與人類的關係，必不可忽略腦部作用，現在就從這個角度出發論述。

你拿東西、走路等動作一定絲毫不用大腦吧！但你可知道，大腦儲存量比電腦還驚人，而且人腦做得到的，電腦還不一定做得到。

潛能研究第一人志賀一雅先生，剛到松下技術研究所的時候，和友人打賭「可不可以製造出和人耳一樣的錄音機」。

友人主張，只要有三十二支麥克風就可以，三十二支麥克風配置妥當，盡量忠實吸收聲音，即使空間印象再現。原來如此即可正確收錄聲音。

但正確吸收聲音與人類的耳朵靠腦部作用而形成的聽覺並不相同。

雖然我們平常意識不到，但人耳和腦實際上是有機關係。例如大腦能將三十二支麥克風當中的三十一支關掉，只留下一支接收聲音，或者將左方的二十支音量提高，或者將右前方二支麥克風稍微往左方移動等等操作。只要意識集中，腦部就能自動切換。

如果你和朋友一起搭電車，你說：「真討厭，電車好吵沒辦法聊天。」但也許友人說：「前面那二個人在講上司的壞話。」在相同狀況下，二人聽到的聲音完全不同，這就是耳朵接受的資訊不同所致。

假設三十二支麥克風置於地下鐵中，應該可以吸收到一切聲音，而這些情報中該取什麼、捨什麼？能夠忠實地在瞬間判斷的就是人腦。多麼了不起的作用啊！不僅聽覺如此，人類一切感覺均如此，只要將意識集中一點，即可產生偉大作用。

月亮對右腦作用強

再進一步談人腦的作用。

人腦分為右腦與左腦，各有不同作用。發現右腦與左腦存在的是加州大學的羅治•史比利博士，他因此發現而得到諾貝爾醫學生理學獎。之後有許多學者反覆對這二個腦進行研究，以致於現在人類能夠對自己的腦部作用有深一層的了解。

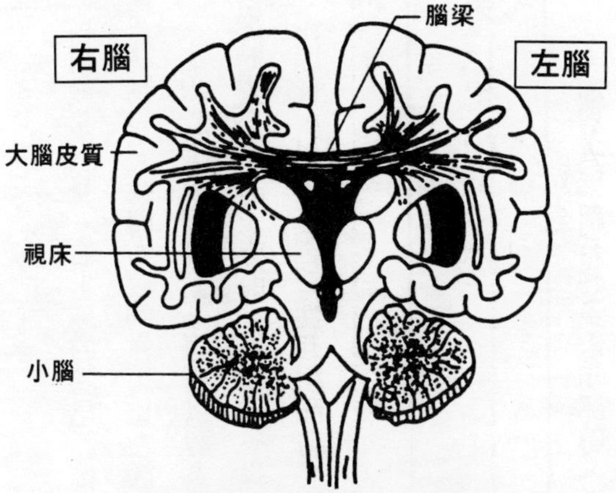

腦分為右半球與左半球，2億根神經纖維聯絡左右，統合左右腦。

左腦專司理論、分析、計算、言語等任務；右腦專司直覺、整體掌握能力、感覺、感性等任務。換句話說，右腦具創造性，而左腦偏向理性。再從另一個角度分析，左腦是時間連續的思考，而右腦是超越時間、空間的思考，也就是所謂的預感。

平時這二個腦互為一體，互相彌補不足而對事情下判斷。

從人類發明史來看，右半球偏重直覺、左半球偏重理論的型態居多。

最好的例子是獲得諾貝爾獎的愛因斯坦，他十八歲就感覺出相對性理論。

但他發表相對論時已經四十一歲了，也就是在這些時日中，利用左腦整理右腦的直覺。

我們日常生活以言詞訊息、理論思考為優

先，因為這是社會的基礎，所以一些超越時間、空間的感覺就不太受重視。

有時了解理論，卻覺得不安心；有時因感到不安而不搭飛機，結果那架飛機真的發生事故。

這就是直覺。右半球的腦已經接收到此訊息，但左半球的腦部卻不在意。

據稱，月亮對右腦的作用比左腦強。右腦與「月」呼應，而左腦對「太陽」的反應強。加州心理學家羅勃・恩斯塔認為，左右腦的感覺、想法不一樣。左腦感應、處理直線、合理的資訊；另一方面，右半球（月），亦即右腦，則處理直覺、印象等非理論資訊。

因此，思考、創造性互相配合發展，有賴於「月亮」（直覺）與「太陽」（合理）的調和。

第三隻眼之謎

人體與人腦還有許多未知部份，最被了解的是人類、猴、狗等哺乳類的腦上面中央部位，有一塊白色如松果的固體部份，稱為「松果體」。

「昔日學者不但視松果體為腦中央的部份，並且認為是控制思考的器官。

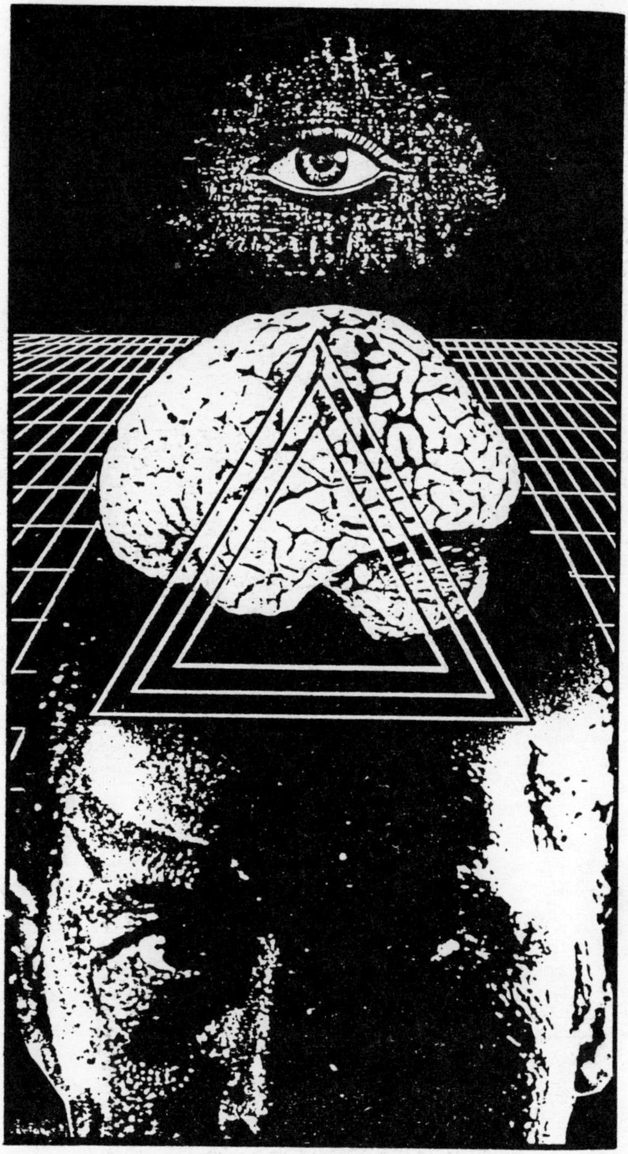

人類、猴子腦中的松果體，不論位置或結構都一樣，而且具有松果體的動物，包括從化石中找到的古代爬蟲類的頭骨中，左頭頂眼位置都有這個凹穴部份，而現在殘留在地球上的幾種蜥蜴，也都有頭頂眼。」（取自伊藤政顯『動物的超能力』）

蜥蜴的頭頂眼，沒有對焦組織，但卻有感光、透鏡、網膜的能力。

第三隻眼縱然具有這些能力，卻由於長期生活在地下，於是漸漸退化，所以在地下生活的蝦子，就沒有頭頂眼的凹陷。

「調查人類松果體機能相關文獻後，我在想，松果體的作用是不是引力器官。」（利伯）

松果體掌握體內或周圍發出的信號，將之變為松果體荷爾蒙，影響性或生殖之生物潮汐。

松果體是不是接收引力或電磁氣相關資訊，經過整理後，向血管、神經、性器傳送必要信號。

假設真是如此，則這些信號在環境突然變化，體內平衡失調時，就相當有助益。從這方面而言，松果體擔任吸收打擊的任務。

美國塞路馬大學教授艾倫斯多•肯塔•巴里先生大膽主張：「太古時代生活在大西洋中安特列斯大陸上的人，具有後來退化的第三隻眼。」

「最近研究證實太古人類具備這種器官，這不是生物學上所稱的眼，而是指直接觀察事物本質的器官，其殘骸即直覺力。

組織上的「第三隻眼」，好像與夾在左右腦間的小腺體松果腺有關。松果腺與腹腔腺之間有密切關係，靈媒的這些器官即出現強列反應。松果腺內的變化，是人意識分裂、精神分裂的原因。

松果腺的意義，對太古人而言，與今日差異頗大。松果腺本來是人與神接觸的體內器官，亦即內部眼睛，透過松果腺，人類便具有洞察自己生活土地上宇宙動向的能力。

今天，這隻眼睛消失了，我們已經無法與超時空事象接觸，關於這一部份，只能留在信仰中。安特列斯大陸繁榮初期，人類的第三隻眼還存在，人類可以和高度存在直接對話，舊約聖經也讚揚此事。」（取自金森誠也譯『太古人類史』）

雖然是奇怪的學說，但有關於「第三隻眼」，至今已發表各種研究，其與人類直覺力、透視力之間的關係不容忽視，因為「第三隻眼是否接收到月亮威力」的假設已經成立。

隱藏在海浪與風律動中的秘密

談到「使心靈解放的自然」，就會立刻聯想到山、海。的確，靜靜地聽流水聲、波濤聲，心靈會感覺和緩，但你有沒有想過這些為什麼會使心情感到放鬆呢？至今仍不十分清楚。但從科學可一窺其奧秘。雖然海的波浪不規律，有時大浪有時小浪，但它是以平均程度波浪為中心，反覆大小變化而已，這種變化稱為「搖動」。

川流也是一種搖動，這種「搖動」似乎與我們心情舒適有關。

這稱為「1／f特性」，而這種搖動波稱為「1／f搖動」，川流聲、風聲都是1／f特性。

是不是一切自然中的搖晃現象都是1／f？不對。只有某些律動才具有1／f特性。1／f搖動不怎麽有規則，而且沒有平衡。

時時刻刻接受這種波刺激生體，會感到舒適，而且習慣成自然，效果長久持續，我們就把它當做一種「無憂無慮」的事物接受。

那麽，這種分析方法應用在音樂上，又會變成怎麽樣呢？

音樂節奏也具1／f特性，強弱、高低均表現出1／f特性，此特性與海波、川流一致。「這種一致絕非偶然，而是以我們人類為基盤的生體，歷經幾億年在自然界中適應的結果。人類體內配合這種律動，並且一點一滴地接受才得以生存下來。」（渡邊茂夫）

只不過，不是所有音樂都表現出美麗的1／f搖動，從各種研究得知，美麗的1／f實際上只在被稱為名曲的音樂中表現出來。

古今被稱為名曲者，其強弱、高低均具有優美的1／f特性。

東京工業大學小杉幸夫博士的研究很有趣。他分析了希特勒、甘迺迪及柴契爾等大政治家的演說後指出，他們的演說均符合1／f搖動的原則。的確，演說名人的演講一定不單調，他們會巧妙地訴諸人心，時而強、時而弱地表現出內容。

另外，1／f搖動並不限於聲音，也可應用在幾何學圖案、色彩變化上。研究1／f搖動的醫院表示，醫院牆壁依1／f搖動法則設計圖案、色彩，可提高精神病治療效果。

月光反射是1／f搖動

佛教教典中有一部「淨土三部經」，其中之一『觀無量壽經』中教示「想知道極樂淨土境界者，心中可以練習下敍思考」。

第一是日想觀。即「向西正坐，仔細眺望夕日西沈的樣子」，眺望紅色夕陽後，閉眼思考夕陽的樣子，在心中烙印夕陽之美麗印象。

當夕陽印象消失後，再睜開眼睛眺望夕陽，充分眺望後閉眼重新想像夕陽之美。就這樣，當你想著夕陽時，心中便浮現剛才的印象。將此步驟反覆幾次直到熟悉再進行下一步驟。

第二是水想觀。亦即「眺望海或湖的水面，在心中留下印象」。你會想起日光或月亮反射在平穩水面上，緩緩搖晃的動作。

平靜水面的搖動，會對生物產生安定感的刺激，照物理分析，合乎1／f法則。

安靜的波聲或星光閃耀、風吹肌膚等等自然界刺激，或名曲之類均具有1／f法則。

腦波的阿法波，其振幅之強度及周波數也是1／f搖動。然而，腦波的貝塔波和瀑布聲、暴風聲、大浪聲一樣，具有不安、緊張的律動。

自從生命誕生以來，地球上生物接受自然界種種刺激，其中能使心緒安定者均具有1／f律動，可視為喜歡1／f法則。接受1／f刺激則腦波也形成1／f搖動，以阿法波表現。

像『觀無量壽經』所教導的一樣，觀夕陽西沈及水面搖動，的確對安心具有效果。

月光浴可消除緊張

現代人與緊張脫離不了關係，因此一天應該至少一次完全放鬆、瞑想。

長期不安、憤怒、興奮、恐懼、緊張，不但身體疲勞，還會帶來許多後遺症，即使躺在床上，也只是看著時間一秒一秒溜掉。

在就寢前將一整天的緊張消除，自然就能順利入眠，從緊張中得到解放，可使身心充分休息，生體維持平衡，當一覺醒來時，疲勞消除了，身心也維持在平衡、舒適的狀態。

在此建議進行月光浴。

進行月光浴的場合對瞑想而言相當重要。

「瞑想是進行月光浴不可或缺的一環，如果半途而廢，則月光浴的效果也會減半。首先從月光浴的瞑想「月光活動」開始。

其基本在於呼吸，呼吸不可模糊不清，一定要有明顯的吸與呼。

人體機能當中，從內側作用的器官，與藉呼吸吸入的氧作用，不但能夠控制心靈與行動的平衡，還具有調合功效。

在月下進行呼吸，一定會與瞑想有關，若與印象同步呼吸，則月光浴成功。」（三村寛子）

這種呼吸法以腹式呼吸為基本。靜靜地端坐月光下，背骨伸直，藉著呼吸吸收的月亮能量，會隨脊髓打開氣的通路。

首先，儘量使身體放鬆，再放鬆肩膀力量，接下來是手、腹、膝、腳脖子，然後再反過來，依照肩、頭的順序消除力量。

接下來，邊數邊吐氣，吐完氣後，靜止不動、暫時停止呼吸。

然後再慢慢從鼻子吸氣。

並不要你緩慢呼吸，而是靜靜地將精神集中在呼吸上，只要是配合自己節奏的自然呼吸即可。也有呼吸前的暗示法，就是暗示自己「我要一直自然地、非常快樂地呼吸」。

真正快樂的呼吸是，無意識地自然呼吸。給予暗示時，必須先忘了那件事，使呼吸盡量自然，心靈才能得到解放。

這時候，即使意識集中在月光，也不必注視月光，閉著眼睛也無妨，只要感覺、意識到月光即可。

另外，背骨伸直，如果不正坐或盤腿的話，躺著也可以。

但希望處於看得見月光的位置，就像在月光下沐浴一般。新月或陰天、雨天看不見月光的日子，其效果仍然不變。

然而初學者一開始還是在看得見月亮的時候練習，比較容易掌握住感覺。

盡可能在空氣清新的安靜場所，或者無人打擾的海、湖、川等水邊最好。

當然，即使不挑選特別環境，只在看得見月亮的房間也可以，這時周圍最好不要擺任何東西。

在房間進行月光浴時應打開窗戶，因為風有助月光浴的進行。

基本上練習在房間內進行，如果你有特別喜歡的場所也可以。

日落黃昏時最適合月光浴，以下午五點至深夜二點最具效果。另外在月將消失的清晨五點左右也可以。

服裝不拘，但最好以輕便為主，避免緊身衣、領帶之類束縛。

白色痲、綿、絹等天然素材容易反應月磁波，較具有效果。

與月合體的呼吸法

呼吸月光的方法之一，稱為「安靜的月」。心理學家卡爾•尤達就表示能在瞑想中與神相會。

在自己腦海中意識月亮，而實際沒看見月亮的新月時特別有效。

在此介紹三村寛子的方法，在新月或雨天看不見月亮的夜晚都可以。

首先靜坐、閉目呼吸。坐法依自己喜好，盡量伸直背部。

接著心中念頭聚集，想像光粒子般的專心快速向心中集中，光像箭似的射過來。

然後將意識集中在光聚集的中心，想像環的映像，一定要不斷地想像。

不久，會出現一個大的光環，那就是你的月亮。

狀如網球般大小，呈現青銀色。

月亮形成後，試著將月亮左右搖晃轉動，當環開始轉動後，即下命令「更快一點！」這時光環便會散發出青色光芒，就在速度加快中，你下命令「停！」則轉動的光環就會靜止。

在你製造月亮的過程中，月亮會漸漸膨脹，大小任你自由想像。

利用這個月亮，就能得到各種超自然體驗。

在光環形成時，你可以提出重要問題，光環會告訴你答案。例如，「和這個人的戀情發展如何？」等疑問，你都能看見答案，亦即運用月亮的力量預測未來。

治療失眠症的月光療法

阿拉伯著名音樂家哈姆薩·艾爾汀先生，是少見的音樂痴，他擁有一個類似琵琶的樂器烏得（Arab Ud），他雲遊四海當個吟遊詩人，曾在美國德克薩斯大學教授阿拉伯音樂。

阿拉伯音樂具有不可思議的性質。照艾爾汀著書『奈爾河之流』所述，阿拉伯音樂與天文有很深的關係。

根據艾爾汀研究，十一世紀阿拉伯音樂家兼醫生伊博·西納，曾利用音樂治療疾病，這源於阿拉伯音樂ㄉㄛ、ㄖㄨㄟ、ㄇㄧ、ㄈㄚ、ㄙㄛ、ㄌㄚ、ㄒㄧ七個音階中，各有其特有性格，茲列述如下：

ㄉㄛ……青、北、深夜、寒冷

ㄖㄨㄟ……粉紅、西、日落、老人、回憶
ㄇㄧ……日落前、西南、日出後、東南
ㄈㄚ……黑、死、未知
ㄙㄛ……黑、南、太陽、白晝、死
ㄌㄚ……綠、東、日出、小孩、發現
ㄒㄧ……日落後、西北、日出前、東北

伊博・西納對失眠症者所下的診斷是，「讓他沖冷水澡，然後穿上青色睡衣，眺望月亮，面向北聽ㄉㄛ的聲音入睡」。

人類腦波搖動隨著頭骨內部的腦活動，每日出現不同變化，但健康人體會有下列反應：酣睡時只有一～四赫茲，非常緩慢，接著出現大的（電壓大）波，即δ波。淺睡狀態或剛開始睡眠狀態，則為五～七赫茲的小θ波。醒著、安定狀態、放鬆時，為八～十三赫茲的波，而工作、活動時的周波數可高達十四～二〇赫茲β波。

興奮時的周波數更高，可達二十赫茲以上，表現出電壓低的γ波。

開在月光下的花之神秘力量

一般植物受太陽光照射，在太陽下開花，但也有接受月光照射而開的花。

其中之一是有「月下美人」之稱的仙人掌，也許很多人喜愛它開的美麗花朵。

另外一種是開在沖繩島上的花「月桃」。因其花如小桃子而得名。

還有一種是開在印度的珍貴植物「月光」。這是一種生長在印度的安心藥草，日本也將其利用在植物油療法上。

三村寬子表示這種珍貴的植物實際上被發現於印度北部的藥草園。

這種「月光」可在新月至滿月的十四天之間，用來治療自律神經安定。據說這種植物具有一種油份，可使身體輕鬆、消除疲勞。

在月光下開花的植物，都擁有不可思議的神秘力量，這也可說是月亮驚人威力之一。

第五章

月亮支配命運

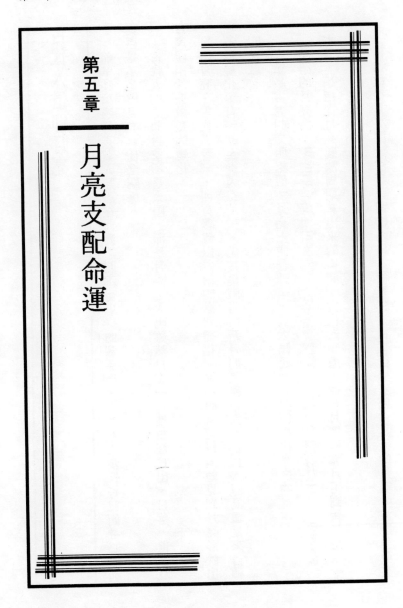

古代人信仰月亮

前章談論過月亮與人類潛在律動之間不可思議的關係後，本章進一步探尋我們身心順利與否是不是與月亮有什麼關係。

古代人的信仰對象不是太陽，而是月亮，太陽雖然日復一日地重複日出、日落，但卻沒有表現出什麼激烈的變化。

但月亮在古代人看來，卻有著難以置信的激烈變化。從肉眼就可以清楚見到月亮形狀出現各種變化，有時甚至從天空消失，尤其是滿月與新月的差異更大。古代人認為這是來自神明的訊息。

人類最古老的文明相信「月亮上住著神」，而太陽是從月亮衍生出來之物。

英語的月亮為「month」或「moon」，拉丁語為「mensis」（曆的月）。「mensis」的本意，是指從月亮圓缺周期算出來的期間。古代人知道，從新月經過滿月再到新月是二十九・五日，將新月的日當成一天，則一個月有三十天。

像這樣從月亮開始注意天體的結果，便誕生了占星術。發明占星術的是美索波達美亞文化的始祖加爾底亞人，他們認為天空除了月亮與太陽之外，還有水星、金星、火星、木星、土星等五個「迷惑人類的星・惑星」，住在各惑星上的神主宰著人的命運。

現在所流行的占卜，完成於希臘，而各星已具有其「魔力」，前述如下：

月亮……感性、感情、包容、女性、變化
太陽……生命、活力、男性、權威、支配
火星……勢力、勇氣、衝動、攻擊、熱情
木星……樂天、寬大、高貴、莊嚴、膨脹
水星……知性、敏銳、雄辯、興隆、伶俐
金星……美、優雅、魅力、藝術性、社交性
土星……悲觀、自制、踏實、節制、收縮

這時代的「月亮」與人類感性、感情有密切關係，而各星辰的性格，至今仍然沿用於占卜上，沒想到二千年以前的人類就了解天體，而現代人更利用這種天體知識占卜命運。

月神是「不死」的象徵

對於尚不知文明為何物的古代人而言，照耀隱藏在地平線彼端土地的月亮，是救世之神。對於當時的人而言，沒有比黑暗更可怕的了，而月亮正照亮黑暗。

月亮不斷重複圓缺，有時完全會隱藏不見，有時又高掛天空照亮滿天星辰，這在古人來說就像「死裡復活」一般，因此有人說月亮是復活的象徵，也有人說月亮象徵不老不死。

古代中國人相信月亮裡藏有長生不老的仙丹，是不是很可笑呢？

古代日本人也相信太陽與月亮一樣重要。『古事記』、『日本書紀』中提到，月神誕生自上帝的右眼，同時，太陽從左眼誕生。月亮與太陽是在同一狀況下誕生的平等個體。不久之後，便出現「月的圓缺象徵植物結實、成熟、枯萎，然後再長出新芽的周期」之想法。

日本一直使用以月亮為基礎的太陰曆至明治初年，可以說是信仰月亮的國家。

例如賞月就是民間重要活動之一，自從日本有文化開始就不曾間斷過。

環顧世界各地，賞月活動在人心根深蒂固者以中國與日本最甚。日本人不論在心情上、

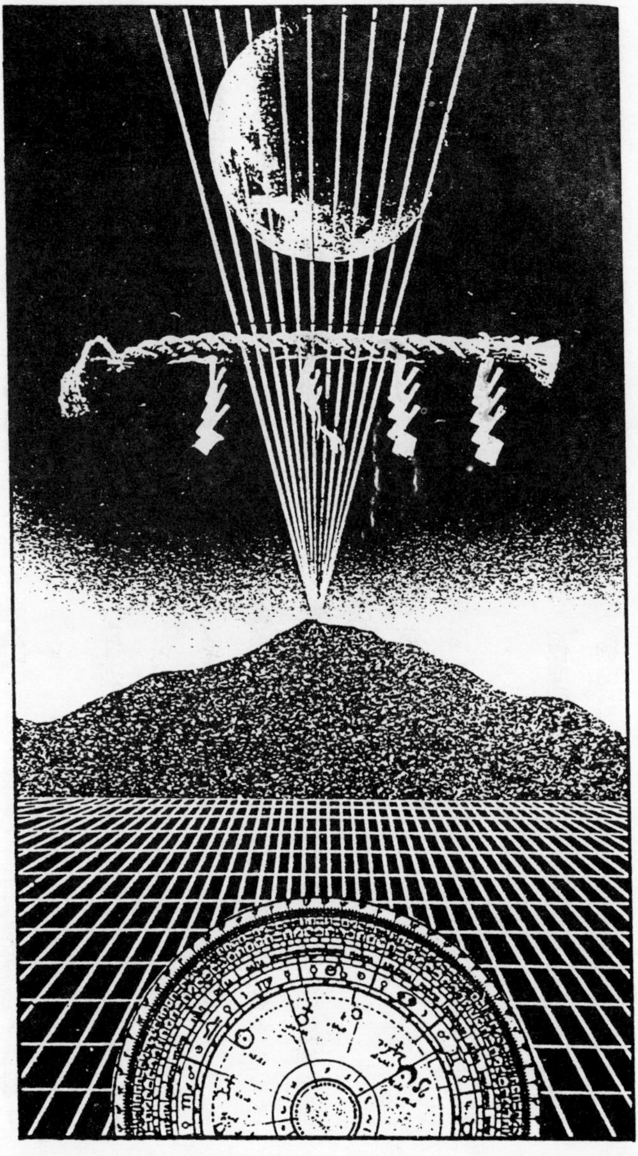

信仰上都與月亮有密切關係。

山形方面有稱為月山的信仰山，從此山成為信仰對象，即可了解人與月關係之深。依照太陰曆，每月十五日為滿月，一月十五日為小正月、七月十五日是盂蘭節、八月十五日是中秋節，這些都是生活中的重要節日。

從月論吉凶的占卜也很流行，沖繩地方每當八月十五夜，看見月光照耀小山丘家家戶戶的模樣，即可占卜家運吉凶。

人們相信在月光照耀下，家運之不順會轉向，從此邁向興隆。

此外，東北地方「正月十五夜，利用月光與影子占卜當年吉凶」的風俗也流傳至今。如果在月光照射下，身影被某物切割形成不完整形狀，則表示這個人今年會喪命，準確率很高。

老實說，在推古天皇時代，占星術就從印度、中國傳入日本。日本的占星術與佛教結合成「宿曜經」，占星術本來很流行用來占卜個人命運，但不久後就被廣泛用於占卜家運、部落運之吉凶。

非洲的布修曼現在對月亮的崇拜還勝於太陽，當他們發現新月時，便會向月亮膜拜、祈禱，「請求賜予作物豐收」。

布修曼人相信月亮具有帶來雨水的作用，每當乾旱時，他們就會在滿月夜跳舞求雨。

雨水往往在月亮明亮的隔日降臨，也許他們察覺這種現象，所以月亮愈光輝代表雨水愈近，而他們也愈起勁地舞蹈。

人之病與死均與月亮有關

有一天，帝京大學醫學院衛生學教室的三浦悌二教授桌上，送來母校東大醫學院的ＯＢ會「鐵門俱樂部」名冊。三浦教授隨手一翻，發現今年死亡者比往年多，名冊上在死亡者姓名下畫一條黑線。

「黑線多了好幾條」，三浦教授感慨之餘，不經意發現最近死亡的十人當中，五～七月出生者超過半數。大致而言在夏天出生者人數較少，但這少數人的大多數已走完人生之旅。

「難道五～七月出生的人比較容易死亡？」教授不禁瞪大了眼。

為了謹慎起見，他取出二十年前ＯＢ會的名冊，結果發現二十年前的名冊當中也有相同傾向，於是三浦教授開始認真分析名冊。

首先調查一九六〇年八十歲以上的五十人之七年後死亡率，以及當時七十～七十九歲的二六三人十五年後死亡率。

結果八十歲以上者，七年後五十人中有三十一人死亡，死亡率為六二%。其中八人出生於五～七月，就有七人死亡（死亡率八七·五%），但出生於二～四月的十四人當中，只有半數七人死亡。

七十～七十九歲十五年後死亡率如何呢？全體三六三人當中二五十九人死亡（死亡率七一%），其中五～七月出生的七十六人當中，有五十九人死亡（死亡率七八%），二～四月出生的一〇二人當中，只有六十七人死亡（死亡率六六%）。比較二組死亡率，明顯看出五～七月出生者與二～四月出生者的死亡率差距。

五～七月出生者容易死亡？

位於東京杉並區的浴風園，是東京最古老的老人之家，在綠意盎然的家園中，總覺得可以長命百歲，但人終究無法脫離死亡。

有一份關於住進附屬老人醫院之達到七十五歲男性四二一人，十年後的死亡率資料，資料顯示十年後死亡率為六六%，共有二七七人死亡，其中五～七月出生的八十四人中，四十

六人死亡（死亡率七六％）

而二～四月出生的一一一人當中，死亡七十一人（死亡率六四％）。冬季出生者有長壽傾向。

再將範圍擴大，調查至一九七九年為止，一〇〇歲以上長壽者，其中男性三四八人的出生月份，五～七月出生者明顯減少。從與平均壽命的關係來看，五～七月出生者只有八八％達到此年齡，但八～十月出生者，即有一二二％超過平均壽命。

搜集這些資料的是讀賣新聞科學部的馬場錬成先生，他對以上資料進行以下假設。

「五～七月出生的人，尤其是男性，老年後的死亡率有比其他月份出生者高的傾向。」

依出生月份不同而有不同命運及性格的事實，從古巴比倫之占星術時代即衆所周知。

幾月出生？這不是我們可以選擇的，與自己意識無關，但人的出生月份受陰陽影響。

例如，一八八九年四月出生的希特勒，為躁鬱氣質所苦，終於以自殺手段結束自己的生命，比平均壽命早很多年死亡。

誕生月份與疾病不可思議的關係

發現死亡率與月有關的三浦教授，也於出生月份對體質、性格、命運的影響抱持興趣。他首先調查手邊患者的資料，結果清楚看出疾病與出生月份的關係。

據三浦教授分析，容易罹患肺結核的男性為七～九月出生，女性為一～二月出生。慢性關節風濕在男性方面沒有太大區別，但女性明顯好發生於一～四月出生者。乳癌則容易發生在六～八月出生者身上。

三浦教授更於一九八〇年起為期二年，以東京市及周邊大學生、高中生男子五五六人、女子一九〇五人為對象，進行骨折調查，深入研究容易骨折類型是不是和出生月份有關。

結果男學生九～十一月出生約三〇%過去曾經骨折，這比平均有骨折經驗的二〇%多，其次為二～四月出生者。

但女學生正好相反，春、秋出生的女學生骨折經驗平均值降低。只不過從女學生中抽出專攻體育的八〇九名學生進行調查，結果與男學生一致。

三浦教授由此結果敍述：「容易骨折的體質不僅與出生月份有關，或許也和荷爾蒙分泌有關。」專攻體育的女學生，以肌肉體質居多，所以多半為男性荷爾蒙分泌多量的體質。

同月出生者的共通點

三浦教授喜歡舊東德古街道的氣氛，尤其數度走訪至今仍留有中世紀歐洲街道風貌，位於東德與波蘭國境附近的卡爾利茲市，由於與住在當地的勒達博士很熟，所以有機會看見此街誇耀為最久歷史的教會洗禮記錄。

歐洲幾乎所有國家至今仍然不像我國一樣採用戶籍制度，他們將教會的受洗記錄視為出生記錄，受洗記錄就相當於我們所謂的戶籍謄本。此教會受洗記錄反映出一段很長的歷史，約有四萬二千人的記錄。

三浦教授分析此記錄，發現時代不同，生產多的月份也有些差距。中世紀歐洲信仰基督教，將出生小孩偷偷埋葬的例子很罕見，因此，受洗記錄可說是一覽自然生產的寶貴記錄。

分析結果如下：①一五〇〇年、②一六七一～一六九〇年、③一七六一～一七八〇年、④一八〇一～一八一〇年這四個時代，九～十月份生產者極多，其他時代二～四月出生者居多。

仔細比較這項結果，生產件數多的月份依年代互有交替。換句話說，一六〇〇年後半至一八〇〇年初期的一四〇年間，每二十～四十年間就會出現秋季顛峰或春季顛峰，這意味著什麼呢？

三浦教授愈來愈覺得月亮與人類行動之間存在「某種關係」。就在進一步的調查行動中，教授再度發現有趣的事實。

這也是東德的例子。調查一〇七五組夫婦的出生月份，發現多數人喜歡選與自己出生月份相近的伴侶。

將月份依季節區分為十一～一月生、二～四月生、五～七月生、八～十月生，大部份伴侶於同一組，這難道不是說明相同季節出生者，具有相似性質、體質，比較容易因互相了解而結合嗎？

研究出生月份還處於起步階段，所以還不清楚為什麼同月出生者具有共通命運。

地球上尚存在許多未知微生物等物質，也許在某季節存在特定物質較多，這些物質對大腦中樞產生作用，帶給他們相同傾向特質。

此外，月光或月亮位置變化會造成電磁波變化，也許這正左右著細胞活動，因此相近時節出生者具有相同行動傾向。

代表二十世紀的天文學家卡爾・歇根說道：「我確信月亮會影響人類行動。」

向月亮祈求「好運」

月亮以二十九・五日為循環周期，其周期與月及地球的微妙位置關係，會使來自大地的磁力線改變，腦細胞掌握此訊息發出行動指令，依月亮周期變化行動，其成果便以「運勢」表現。

運勢好的日子，一早起床就神清氣爽，到公車站牌公車馬上來，一上電車座位就在眼前，走進公司時間還早，只有主管與自己，不經意談到剛剛在電車上看的書，獲得主管「你平常就很求上進」的褒獎，在會議桌上，自己的提案被採用……。像這樣每件事都進行得很順利，充滿幸運感。

當你遇到這種日子，最好看看月亮周期，是新月？上弦月？滿月？下弦月？月亮形狀與當日行動結果有密切關係。

一九七七年發生在羽田沖的飛機事件，原因是駕駛員精神不振，各位應該有印象吧！事件發生這一天正好是滿月。

二次世界大戰之後，發生在日本的飛機失事事件，有半數發生在滿月前後，另外，新月三件、上弦月一件。很明顯看出，滿月及新月「運勢」不佳。

不僅飛機失事的意外，調查二次大戰後發生在日本的重大事件，四十件中有二十四件集中在滿月或新月前後。事實上，世界上的重大災害或大事故，也多半發生在滿月或新月夜。

一九八三年『讀者文摘』中寫道：「在歷史上引人矚目的大風暴，多集中在某些月相之夜。」例如，一九七〇年發生在東巴基斯坦的大暴風雨，造成五十萬人死亡，這夜原本是滿月夜，人們都準備外出「賞月」，所以受到暴風雨侵襲。

月亮周期與事故、災害之間關聯有下列傾向：

①滿月前後

特別需要注意。容易引起各種災害、事故，尤其是地震、颱風、洪水、火災等事故。

②滿月至下弦月之間

安定時期。地震、災害的發生率最低，旅行安排最佳時期。

③下弦月前後

水的災害特別多，颱風、大雨造成的災害較多。

④下弦月與新月之間

最安定時間。天氣恢復穩定、晴朗。

⑤新月前後

特別是新月前一、二天，容易發生地震、災害。如果這天有雨，則往後一週內容易下雨。如果九月、十月這一天有颱風來襲，則情況容易反覆出現。

⑥新月與上弦月之間

比較安定。地震、自然災害較少，即使之前天候不佳，此時也多半能放晴。

⑦上弦月前後

火山爆發等與火有關的災害多。最多特別注意火災事件。

⑧上弦月與滿月之間

天候、自然安定之日。

月亮與交通事故的奇妙關係

日本兵庫縣警巡查部長黑木月光先生注意到月亮與交通事件的奇妙關係。

黑木先生於一九八四年三月就任高速公路警察隊，在中國縱貫公路上執勤。

事件開端於發生在某夜的碰撞事件。黑木先生像往常一樣處理交通事件，結束後鬆了一口氣抬頭望夜空，這時天空浮現半月——上弦月。

大約二週後的深夜，又發生事故，在驅車趕往現場途中，看見天空出現半月——下弦月。

黑木先生心想：「奇怪，難道半月之日的事故特別多？」

從此之後，每當交通事件發生，黑木先生就看月齡表，確認月的狀態。結果發現半月時期交通事件特別多的事實。

但這樣還不夠充分，一定得盡可能多數採樣對照月齡表，才能有正確發現。

就在這時候，黑木先生得到一個絕無僅有的好機會，他奉命從事高速公路統計業務。

為了確認「半月之日事故多」的直覺，他每日埋首統計作業中。

結果發現驚人事實，沒造成死亡的事故也以半月時期占壓倒性多數。

黑木先生在高速公路警察時代，處理過一二〇件死亡事故，其中新月前後三天占十九件，接著滿月三天前至隔日共計二十六件，二方合計四十五件，相當於全部死亡人數的四〇・二%。

黑木先生將資料以統計表表示，很明顯看出死亡事故在新月、滿月時期呈激烈上升，而

非死亡事故則在上弦、下弦月居多。

黑木心想：「如果將此事實編成理論，不就能減少交通事件發生嗎？」

但很可惜，黑木先生於一九八八年調至交通企劃課事故統計科。

不過這麼一來，可以更積極地進行調查工作，研究月亮威力對人類及地球的影響。

你該注意的日子是什麼時候？

每個人都有感覺不舒服的時候，有時好像莫名其妙地焦躁、不安……。

其實這都是有理由的。

因為當天你的體內水份（生物潮汐）平衡失調、神經高漲之故，而其基本原因是月亮引力。

像這種日子就是你的「注意日」。

那麼，該如何得知自己的注意日呢？

請在記事本或月曆上詳細記錄自己的心情、感情起伏等。

①○月○日　頭痛、頭不舒服。

②○月○日　工作出差錯。

③○月○日　發生摩擦，與前車駕駛爭吵。

④○月○日　忘記與朋友的約會。

⑤○月○日　一早起來就感到焦躁，因為一點小事和女友吵架。

像這樣，只要你注意到的事都可以記錄，持之以恆後，你應該可以發現一個月大概有某三天發生特別不愉快的事。

接著，將這些日期換算成陰曆。

如果得知「自己的注意日好像在上弦月時期」，則此時期盡量避免開車，搭電車也注意不要搭前面車廂，而搭乘中央車廂，如此發生事故時可以降低傷害程度。夜晚盡量不要外出，避免受傷或遇害。

當然，並不是指注意日就一定會發生什麼狀況，但還是留心一點比較好。

「月亮律動也會帶來反作用。

有時候早晨起床感到特別輕鬆，不論身體、精神均感格外舒暢。

這時候也可以在月曆上註記，如此即可得知自己的順利日時期。

這時期最好儘量嘗試各種事情，例如工作上的新計劃，像我也是在此時期進行『月亮研究』，而嶄獲頗多，可以說任何事情在此時期深入最適合。」（取自黑木月光『滿月與魔力之謎』）

依月齡找出自己的注意日、順利日可對計劃安排有助益。例如得知上司的好、壞時期，便可在討論重大問題時，避開上司不順利的時期；而在提出新企劃案時，則可挑選上司心情好的時候。這個方法不僅可運用在上司身上，也可應用在交易對象上。

「簡單而言，譬如公司開幕的場合，可以挑選月亮引力強的滿月、新月時間；反之，遇有重要會議；則應該避免人類情緒緊張時候，而挑選呈現放鬆狀態、判斷力佳的上弦、下弦月時期。」（前揭書）

尤其是以開車為業者，這種檢查方法相當有效。人如果知道那天危險，無意識的防衛本能就會產生作用，藉此避免交通事故。

得知自己運勢的天候性格學

從以前就流傳下來由法國心理學者們所研究出的「天候性格學」。

這是調查天候與人類的關係。像這種生活與心理學結合的研究，以克庫蘭博士的研究最有名。

「有某些人很在意天候變化，也就是對天候變化非常敏感，但有些人則毫無差別。」

詩人、畫家、小說家多半屬於對天候敏感型，容易感動的人容易對天候變化產生反應。

「天候性格學」是研究對天候反應與體型或外觀的關係。大致可分為對天候變化敏感的「天候型人」與不太在意天候變化的「非天候型人」二大類。

「天候型人」又可以分為三類。第一，對寒冷非常敏感，一冷就提不起工作效率的「寒冷敏感人」。第二，對寒冷不太在乎，但一遇熱就受不了的「暑熱敏感人」。第三，不論對於寒冷或暑熱均非常在意的「完全天候人」。

這三類型在工作、人際關係上都有相異點，心理學家淺野先生解說如下：

＜寒冷敏感人＞

一到寒冷天氣，關節、背部就感覺疼痛，大部份會出現焦躁反應，缺乏食慾，多半不太好睡。回想冬季生活自我診斷即知。

皮衣、毛衣等禦寒衣物花費不少錢。另外，也不習慣夏天冷氣房，一冷就做不了事。

性格偏內向，不喜歡太熱鬧，喜歡一個人獨處。一般而言，屬於額寬、高瘦型，手腳長、面貌清秀，心理受打擊需要長時間恢復。

這類型人為了發揮實力，必須注意衣著，因為手腳一冷就牽連思考遲鈍。

此型人在春、夏季比較有工作效率，冬天不管做什麼都麻煩。

〈暑熱敏感人〉

容易流汗，在家恨不得把衣服都脫掉，用餐時立刻脫下外套或領帶。

在社交方面，能言善道、喜歡熱鬧。一到密閉房間內就覺得暑熱難當，而在狹窄空間待上一陣子，便汗流夾背。

對暑熱敏感的人，在冬季能夠發揮實力，喜歡聊天、飲食，是靜不下來的人。

〈完全天候型人〉

熱也難受、冷也難受，只有涼爽的天氣適合他，這類型人占大多數。

此類型是安全第一主義，服裝也很得體，不太喜歡冒險，冷時注意保暖、熱時穿著輕鬆服裝。但缺乏耐性、容易妥協。

有時候周圍的人「不知道他在想什麼」，與其自己下決斷，還不如接手他人工作。

這種人不屬於年輕即定下計劃達到成功型，而是必須經過多種體驗後才發現自己的性格，也可說屬於嘗試錯誤型。

很多人在雨天心情便覺沈悶，天氣好轉後心情也跟著好起來。不過也有些人正好相反，雨天反而能有比平常更好的思緒。

人也分為「下雨型人」及「晴天型人」，為了充分發揮自己的才能或個性，你必須考慮天氣與自己的關係，若能配合月份與自己的關係更佳。

既然人是生物，就必定會受自然影響，將這種影響以科學進行分析，就會出現「某種特別傾向」，希望各位早日發現、早日運用在生活上。

第六章 至今仍未知的月亮之謎

月亮是從地球分出來的？

月亮究竟是何天體？要研究動植物或人類行動與月亮周期之間的關係，就必須具備與周期有關的各項基本知識。

首先，月亮是環繞在地球周圍的唯一天體衛星，也可以說是地球的「獨生子」，大小約為地球的四分之一，地球中心至月亮中心距離約三十八萬四千四百公里，約為地球赤道半徑的六十倍。

月亮是如何誕生的呢？有多種說法，現在採用由英國天文學家喬治・哈特・達爾文所提倡的說法。達爾文是提出進化論的著名學者查爾斯・達爾文之子。父親專研生物起源，兒子則著手研究月亮起源。

照達爾文的說法，數十億年前，當地球表面極薄部份以外呈完全融化狀態時，藉著太陽引力從地球的一部份剝離，此物在宇宙太空回轉、冷卻後形成一個固體，即一個天體，亦即月亮。

各位想想阿波羅衛星在月球登陸時的電視畫面，太空人在月球表面漂浮前進，月球只有地球六分之一的重力，簡單說，只要到了月球，一切物體的重量都只有在地球的六分之一。

現在胖到一二〇公斤的人，到月球去才只有二十公斤而已，但看起來都一樣。

那麼，為什麼月球這麼輕呢？我們可以這麼說明，因為月球的基礎來自於地球剝離部份，只有很輕的一部份，地球的核心內有比重較重的東西，但月球沒有核心這一部份。

要證明此假設還有其他有力證據。太平洋的一部份當中，形成大陸地殼不可或缺的花崗岩系岩石或玄武岩，可以說完全不存在，似乎是這部份大陸被切割開了。而此部份被切割開來形成月亮的部份，是不是有地球的痕跡？地質學及天文學研究人員現在正在努力達成共識，相信定論不久即將出現。

依照達爾文的說法，月亮是地球的一部份，那麼之後誕生於地球上的生命，與月亮雖然相隔遙遠，也總會有某種特別關係存在。

死的天體、月球為什麼會對地球上的動植物造成影響？

伽利略曾利用望遠鏡（當時稱為魔法筒）一窺月亮真實，表示「月亮無生命存在」，這項事實在蘇聯「路那3號」及美國阿波羅計劃成功後，更獲得證實。

月球上無水、無空氣，無法讓生命生存，就像一個死天體一樣，但調查分析又證明，月亮與地球上的人類、動植物行動有密切關係。

這個死的天體月亮，為什麼會對地球上的動植物及人類造成影響呢？解答關鍵在於利伯博士指出的月亮、太陽、地球三個天體的位置關係。

地球與太陽距離一億五千公里，月球與地球中心平均距離三十八萬四千四百公里，太陽比月亮遠離約四〇〇倍。

太陽的半徑為一三八萬三二六〇公里，約為月亮直徑三四七六公里的四〇〇倍，這可以說明從地球看太陽與月亮的大小差不多。

但各比率約四〇〇倍只不過是偶然，此偶然背後有什麼力量，我們並不清楚。

因為從地球看兩者的大小一致，所以月亮、太陽、地球三個天體依位置關係變化，會發生日蝕、月蝕等天體自然景象。

新月時，地球、月亮、太陽順序排成一直線，月亮遮住太陽光源，形成日蝕，依三個天體位置微妙的差異，有全日蝕、全環蝕、部份蝕等不同。

而月蝕則是在滿月時，月亮、地球、太陽順序排成一直線，也有全月蝕、半月蝕之分。

月蝕並不限定發生於新月或滿月，因為月球軌道與太陽軌道最大相差五度，因此並不是每一次都排列成一直線。日蝕、月蝕的發生最多一年七次，五次日蝕與二次月蝕，或四次日蝕與三次月蝕組合；最少發生二次，二次均為日蝕。

任何場所均可觀察日蝕及月蝕，地球上同一場所發生日蝕機率為三世紀半一次。

古代不了解日蝕、月蝕發生情形，因此便稱此為「惡魔降臨」、「神明生氣」的象徵，但日蝕、月蝕與月的神秘威力之間，應該有很深的關係。

關於日蝕最古老的資料，是在西元前二一三七年十月二十二日。

在古代中國記載有關「夏朝」第四代皇帝成康時代的古書中敍述如下：

「皇室中有二位天文家，他們的任務是追趕吃掉太陽的龍，方法是打鼓、射箭。」吃掉太陽很明顯指的是日蝕，而任務失敗後，他們會被砍頭，真是可憐。

另外，古希臘歷史家海羅多多斯也在歷史書上論述，西元前五八五年五月二十三日發生的日蝕，造成勒底亞與梅底亞兩軍放棄長達五年的恐怖戰爭，因為雙方均更恐懼日蝕之故。

因發現美洲新大陸而在歷史上留名的哥倫布，便是利用此現象的聰明人。

一五〇四年，哥倫布航海尋找新大陸時，之前已經歷經四次失敗，哥倫布身邊已經沒有隨從，只能靠印地安人補給糧食，但印地安人看看哥倫布的足跡，還是沒有跟著他上船。

在窮途末路之際，哥倫布想到利用月蝕的方法。預告指出當年二月二十九日會發生日蝕，因此哥倫布向印地安人提出警告：

「因為你們不幫助我，所以觸怒了神明，神明為了表達憤怒，將在明日夜裡將月亮取走，如果你們肯跟隨我的話，神明會再將月亮還給你們。」

隔天晚上，當日蝕開始時，毫不知情的印地安人陷入恐懼中，立刻發誓效忠哥倫布。

這個事實也證明早在十六世紀初期，即能正確地預告日蝕、月蝕。

一八八七年澳洲天文學家出版的『日蝕原典』中，網羅了西元前一二〇七年至西元二一六二年間，五二〇〇次月蝕與八〇〇〇次日蝕的詳細資料，是不是讓你大吃一驚呢？

為什麼月有圓缺？

月的圓缺是人類用肉眼即可看見的天體，自古以來即令人產生種種幻想。

上弦月是指新月呈半圓大小，準備成為滿月的時期。而從滿月往新月過程中，呈現半圓大小即為下弦月。最簡單的方法是在新月拉一條線，形成「P」字即上弦，形成「D」字即下弦。

法文的「P」即Premiere（最初的），「D」即Derniere（最後的），所以一看字就

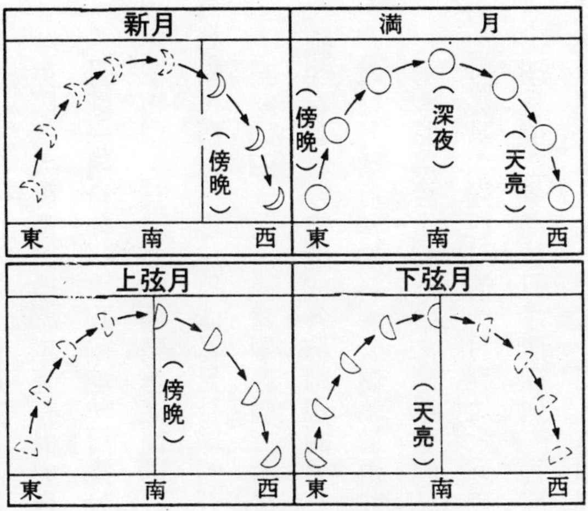

月的圓缺與看法

記住了。此方法不適用於南半球。

上弦月是追太陽而動，日出後東昇，雖然肉眼看不見，但月亮已高掛天空。隨著日落，月亮昇上西空，這只不過是眼睛的錯覺而已，實際上月亮是往西方的地平線上下沈。

下弦月正好相反，月先太陽而行。首先，月昇自東方天空，所以太陽從地平線上露臉。但正確說法這是地球自轉的結果，才會使來自相同場所的太陽、月亮看起來不一樣。

為什麽月亮具有對動植物產生作用的威力？

牛頓看見蘋果從樹上落下後，發現了萬有引力的故事很有名，其實牛頓從月亮處得到了大啟示。

蘋果會落在地上，為什麼月亮不會落在地球上呢？從這裡，牛頓找出了物體重量與引力的關係，由於引力存在，所以月球與地球互相吸引，兩者都循著既定的軌道旋轉。

但因為太陽及其他惑星也有引力作用，所以軌道形狀大小隨時間而變化。

月球一邊自轉一邊圍繞地球周圍公轉，月球自轉的周期，從太陽來看，與圍繞地球公轉的周期相同，其造成的結果是從地球看月球，總是只看到同一面而已。由於月球的自轉軸稍微傾斜，所以從地球只能看見月球的五九％而已。

其餘的四一％，一直到蘇聯探索月球的機器人從月球拍攝照片回來，人類才一睹其面貌，這也是自古以來造成各種幻想的另一面。

這種月球自轉傾斜、公轉軌道歪曲的現象，是引起地球潮漲潮落的最大原因。海潮漲落發生的理由，簡單的說就是衍生於天體引力與地球自轉的關係。引起漲潮的引力，月亮是太陽的二倍，月亮比太陽接近地球，所以影響也大。

請各位想像地球與月球橫列一直線的樣子。地球上面對月亮的一面受到強大吸引力，這就是漲潮。這時候，地球裡側，亦即與月球正好相反側的海潮也膨脹起來，這是因為同時公轉產生的能量作用，稱為潮汐力。地球自轉軸稍微傾斜，所以相同場所的漲潮、退潮時間，每日稍微不同。

漲退潮之差，以東京灣為例，其入口狹窄、內部寬廣，相差十公尺以上；但如新瀉的內海，漲退潮只差四十公分而已。

有受月亮引力產生的潮汐，也有受太陽引力產生的潮汐，當月亮滿月與新月時，月亮潮汐與太陽潮夕同時作用，使漲潮比平日高，退潮也比平日低。

月亮隨著漲潮而遠離

大約四十五億年前，月球好像比現在接近地球，據學者推算，當時月球離地球一萬五千公里左右，現在距離三十八萬四千四百公里，所以當時距離只有現在的二十二分之一，說得更清楚一點，當時月亮看起來有現在的二十二倍大。

當時月亮繞地球一周費時三十小時，而地球也以現在五倍左右的高速自轉，月球與地球關係比現在想像還強烈、密切。

然而，月亮一年比一年遠離地球，現在也以一年三公分的距離遠離地球。

月亮的明亮度也隨時間而不同，因太陽黑點大小而增減明亮度。

最近得知，太陽活動性每十一年活性化、穩定化的周期，因受太陽光反射，所以月亮也同樣以十一年為周期重複明暗。

最亮與最暗相差約一〇～二〇％程度，這和月球與地球距離愈來愈遠並非無關。

為什麼月亮會愈來愈遠離地球呢？這是海潮漲落形成的動力所致。

海潮漲起與海底發生摩擦，使得地球自轉速度放慢，現在地球自轉一周二十四小時，但五億年前地球自轉一周必須花三十一小時，途中有加快速度的情形，三億五千萬年前，轉一周為二十三小時。

照日本太空科學研究所安部正真先生，以及國立天文台的大江昌嗣先生表示，這時加速是因為地球的大陸往赤道附近集中。之後，自轉速度遲緩達到現在程度，現在也以每十萬年一秒的程度放慢速度，持續至五十億年後，地球的一天就有三十六小時。

月球與地球距離因彼此公轉速度及軌道而形成某種平衡，因此，自轉速度放慢及公轉軌道歪斜，造成月球漸漸遠離地球的結果。

以現在為基準，四十億年之後，月亮比現在遠十二萬公里，與地球距離達到五十萬公里。這時候，月亮就得花四十天才能公轉地球一周。

然而我們還可期待逆轉現象，一旦月球遠離地球，描繪出如此大的公轉軌道，則受太陽引力強烈影響的結果，從某階段開始，月亮會往地球靠近，最後會變成怎麼樣，只能說還是個謎。

其中一個可能性是，月球太靠近地球，在某處引力失去平衡而崩裂，與地球相撞後化為粉塵，受到此巨大撞擊，地球很可能也成為太空中的粉塵，當然，這至少也是四十～五十億年後之事。

巨大地震與滿月、新月有關

有學者對月亮潮汐能量到底多大加以計算。據英國科學家的計算，潮汐能量相當於二十億馬力，約等於一切產業、運輸等能源總量。

這股巨大的力量不僅對海潮造成影響而已，甚至牽引包圍在地球周圍的大氣、地面，連人造衛星也明顯受其影響。

但地面堅硬不像海面會上下大幅震盪，據美國物理學家計算，地球堅硬的地殼每日在上下振動二十～三十公分。

但生活在地球上的我們並感覺不出這種振動，就像搭乘航行在大海中船隻的乘客，感覺不出海面上下晃動一樣，或許如螞蟻般微小生物多多少少會感覺出地殼上下晃動吧！

關於月亮威力，還有其他重大事實。

提倡「滿月、新月、大潮」地震說的是相樂正俊先生，他曾是氣象預報員，準確預測新潟北部的地震。

「自古以來，地震均發生於新月前後的大潮期間，由於無視於民間研究，才會導致阪神大地震的災害。滿月與新月前後的大潮期間，陸地因太陽、月亮引力而搖動，造成岩盤歪曲。」

的確，一月十七日的阪神大地震發生於滿月、新潟北部的地震發生於新月隔天的大潮期間。

東北大學理學部大竹政和教授以研究岩手縣東方三陸沖群發地震為基礎，發表了「月亮引力引起大地震」的學說。

以三十二次五級以上地震為研究對象，調查通過震源域中心的東經一四三・五度線，與地球相反側的西經三六・五度線上——亦即通過震源正上方與地球正後方的子午線，與月亮橫切時刻的關聯。結果有十六次是在月亮通過後四小時之內發生，更有十次集中在月亮通過不到一小時及二小時之內發生。

此震源域是在構成地殼的日本列島岩盤下方，東側有太平洋包圍，為歪斜聚集點。對地球上的自然界及人類造成影響的「月亮魔力」，至今仍是個謎。

但大竹教授說明如下：

「月亮引力以一氣壓的百分之一程度吸引海水，造成漲潮，而兩側引力作用為了使傾斜消失，便會造成地震，此項發現有助於未來預測地震。」

月亮會對海潮漲落造成影響，但最恐怖的莫過於月亮周期所造成的海嘯。一九六二年，不僅月亮、地球、太陽並列一直線上，另外還有幾個太空周期也重複，海潮比平均水位高約三公尺，這個異常高潮侵襲中部大西洋沿岸，造成四十人死亡，損失額高達五億美元。

一九七三年，相同關係之三天體並排除，海嘯異常狂亂，尤其加州一帶怒潮高漲。

一九九三年，襲擊北海道奧尻町的地震所造成的災害頗巨，結果竟然沒有人想到是不是正當滿月，實在令人感到不可思議。

海潮預告犯罪危險日

月球繞地球公轉的軌道每年有些微差異，地球自轉也非每年相同，這一百年來，地球自轉費時稍長了一些，一日日累積下來，一年多少有些長短變化。

事實上，也有降雨受月亮影響的說法。美國及加拿大分析過去五十年的豪雨資料，很明顯看出豪雨集中在新月及滿月前後三日間。

一九七四年一月，月亮是這幾年來最靠近地球的時候，此時期，加州海灣異常狂亂，終日怒濤洶湧襲擊海岸線，這個月邁阿密地區殺人事件激增，形成治安上一大問題。

約比一年前同時期增加三倍的殺人事件，其中有四十五歲的父親刺殺兒子、七十歲的老女人被姦殺，除了悲慘之外，實在找不出殺人動機。

紐約地下鐵也發生三位少年誘拐十四歲少年，要求一萬五千美元贖金，但被誘拐的少年被發現時，已死在雪林中，屍體被吊在樹上。

此時期發生的殺人事件當中，最悲慘的是發生於堪薩斯州的滅門血案，非常平凡善良的家族，實在找不出被殺的理由。

然而，難抑凶暴性的兇手卻將全家四人活活打死，這比起一槍斃命的痛苦，實在超出好幾倍，如此殘忍的手法真難以想像。

海潮出現異常漲退時期，人也會出現異常，這一點無庸置疑，也有一說主張利用月亮周期為基礎，提出「犯罪預告」。

透過廣播、電視告訴大家，「今夜海潮異常高漲，很可能使衝動性犯罪增高，夜間外出必須特別注意安全，盡可能待在家裡。」

當然，像堪薩斯州一家四口待在家中仍然躲不過被殺害的命運，這很可能是遭異常衝動的犯人所襲擊，月光照耀大地，卻也可能助長犯罪行為……。

還好，月亮周期與月亮、太陽、地球三個天體位置，以及太空律動三要素完全一致的情形並不常見，大概二十年只有一～二次。

開始被了解的第五、第六力之秘密

已知自然界中有物體之間相互吸引的萬有引力基礎重力、光及電波基礎的電磁氣力、在原子核中結合陽子與中性子的「力」，以及放出放射線的「弱力」等四種力。如今關於月亮與動植物、人類之間存在某種力學的研究，也均以這四種力為理論基礎。

利伯博士在此基礎上提倡動植物及人類體內有生物潮汐理論之學說，也可說已被證明為事實。

但最近太空間又被發現除此之外的「第五力」，發現者是美國印地安那州巴杜大學的費休巴克教授群。

此「第五力」被稱為「斥力」，是使物體向遠方向作用的力。

費休巴克教授們在高一二〇公尺的花崗岩崖邊，水平吊起其中半圓鉛製、另一半圓鈹製，直徑七・六公分的輪子實驗，依以往力學理論而言，此圓形物質一定會被山崖吸引，但這個圓形卻開始旋轉運動。

鉛比重為二・七、鈹比重為一・八六，但旋轉程度遠超過比重之不同，這種情況只能用鉛與鈹存在「往不同方向作用的力量」來解釋。

「第六力」也被發現了。

一九八九年，美國空軍部隊內的地球物理學家艾克哈特博士，發現使重力作用加強的力量存在。

艾克哈特博士在冰原上挖了一個直徑十公分、深一六〇〇公尺的洞，並在其中反覆進行裝置上下活動實驗，結果出現牛頓力學無法說明的結果，這股力量以重力五十分之一的強度作用。

值得重視的是，物理學還有許多未知部份，就連有關月亮、地球、太陽之間作用的力學，都還有許多部份無法說明。

一直到最近，都表示「太空是一間黑暗的大廳」，並沒有因為幾台機器人降臨月球，帶回月球真實的一部份之後，我們就能夠掌握月球，所以對於整個太空，還是應該謙虛一點。

月亮是人工天體？

愈是得知詳細資料，反而發現藏在月亮中的謎愈深奧。

其中也有人表示，「NASA已經掌握有關月亮的重大資訊，但視其為絕對機密，只對外界公布一小部份而已，其餘更有價值的重要資料，被妥善保存在NASA當中。」

美國是情報公開的國家，為什麼至今仍嚴守秘密呢？想必這些資料內容驚人，而公布之後極有可能造成世界混亂吧！

證實此項傳聞的說法是，「月球的一部份或全部並非自然之物，當中有某種東西附著，說穿了也就是人工天體。」

一九七〇年七月，米卡爾‧巴辛與阿庫桑塔‧蘇蘇巴克夫在蘇聯科學雜誌中大膽發表「月球是地球之外，有智慧存在的太空船」一說。

照這麼看來，「月球並不是空洞的物質所組成，但如果月球是一個巨大的太空船，則其中空洞的理由也非常清楚。」

以證實這二人學說為立場而出版的書刊，一九七九年問世，是由美國月球研究家湯•威爾遜所著的『我們的太空船＝月亮的秘密』。

在本書中，威爾遜如此敍述。

「超越常識之牆，乍看之下無法觸及的夢理，突然置身周圍，愈研究人類所搜集的月亮資料，就愈覺得我們的理論得到證實。不但如此，這個假設也幾乎能夠說明月亮之謎。」

威爾遜所述重點如下：

①關於月亮的起源，有與地球的親子說、兄弟說，以及單獨在太空的衛星說，不論那一種都有矛盾點，無法完美說明。

②月亮比重太輕，如果不是內部空洞，怎麼會有這種比重呢？但內部空洞的物體，就不可能是自然形成的東西。

③請各位將目光放在內、外殼均為金屬製上面，月球是由二層構造所形成，而在岩石區及土的內部總感到有一層金屬形成的構造。

④月之海不就是修補此構造物的巨大痕跡嗎？月海中完全沒有水分痕跡，只是鈦等均一金屬壁的論點比較能夠說明，這難道不是一種防護壁嗎？

巴辛及蘇蘇巴克夫的假設是，這種高度技術「太空船」是由人類與地球之外具有智慧生物所製造。而為什麼這如此優秀的生物現在不在月球裡？

巴辛及蘇蘇巴克夫如此說明。月亮是所謂超古代「智慧生物」的一葉扁舟。

而且，「月球內有一切太空旅行必需品，有感於自己存在之惑星危險的生物，為了延續子孫，便放棄惑星搭乘月球這個太空船開始流浪。」

NASA所隱藏的「有什麼」

隨著環境破壞的危機，地球未來也出現紅色訊號，NASA為什麼至今仍然隱瞞有關月亮的資訊呢？有資訊來源表示，他們正以月球為模範，計畫進行適合人類的另一個天體。據艾薩克・阿西莫夫表示，改造小惑星、製造大太空船的可能性很大。

據稱從月球表面帶回來的石頭，有些是四十六億年前、有些是七十億年前之物，這種說法根本有瑕疵，不能清楚說明。

如果月球是一個巨大的太空船，在太空間漂流幾億年，則這些石頭或許可以說明，但月球並不是有時在具有四十六億年歷史的天體上著陸，有時又降臨在歷經七十億年的天體上。

關於此說，英國牛津大學也在秘密研究當中，世界絕非沒有防止「荒誕無稽科學」的方法。

不少人看過史坦利・克伯利克所導演的電影『二〇〇一年太空之旅』吧！電影一開始是猿人用手觸摸板狀紀念碑，然後一躍進化為人類的鏡頭，幾萬年後，人類挖掘出這個紀念碑，在調查過程當中，展開另一場別開生面的太空之旅。

有一說表示：「和這種情形類似，其實人類已經有月球經驗了」。月亮中有先人們遺留下來的紀念碑，而阿波羅號太空人們已經觸摸到了。

證實此說的交信記錄如下：

阿波羅11號阿姆斯多倫船長突然叫道：「有東西，那是什麼啊？」管制塔問道：「有什麼東西？」阿姆斯多倫回答：

「都是好大的東西，全部向噴火口排列！」

如果月球是一個人工天體，那裡存在具有使人類改變方向這種具大威力的紀念碑，而且那東西又如阿姆斯多倫驚叫般巨大，則很可能比巨大紀念碑之類的東西，會對地球傳送某種威力。

一九七三年二月十四日，蘇聯無人太空船魯諾哈特2號著陸月球的「晴海」，此海附近有德拉斯山，在此，魯諾哈特傳回不可思議的報告，「高約一公里的板狀物，聳立在德拉斯山巨大隕石旁」。

此德拉斯山周邊，已經被美國最後有人太空船阿波羅17號探索過，奇怪的是，美國及蘇聯自此以後即中止一切月球探索行動。

這當然使我們更確信：「月球上隱藏著許多未知之謎」。

後　記

人類可說是自然界中相當優秀的生物，而人類與生俱來就有二種能力。一是隨著手與大腦的發育，製造與使用道具的創造能力。在衆多生物中，只有人類具有合理判斷、理性處理事物的能力。

另一項能力是一切生物與生俱來擁有的本能。鳥會依季節本能地移動。海龜一到產卵期就會從南太平洋來到日本海邊。這種動物不可思議的能力，以及預期自然變化的能力，人類本來就已擁有。

但隨著科學的進步，人類技術、知識能力急速發展，另一方面，卻將與生俱來的寶貴能力遺忘了。

人有眼睛可以看、鼻子可以聞、耳朵可以聽、舌頭可以舔、皮膚可以感覺外氣變化。為什麼看得到？因為眼睛能夠以光掌握物，將此信號傳至大腦，聽聲音也是耳鼓膜接收到音的震動，將訊號傳至大腦所致。總而言之，感覺器官擔任使大腦知道外界樣子的使命，感覺食物好吃、感覺熱、感覺冷，這些都是感覺器官將信號傳送至大腦所致。

除了這些感覺器官之外，假設還有另一個「感覺器官」時，會怎麼樣？這是傳達普通無法掌握的情報之感覺器官，例如，讓我們得知未來這些五官無法告訴我們的事情。

這是在頭部或神經的一部份？至今仍未知。元東工大教授關英男先生正在研究這種奇妙的第六「感覺器官」，教授是電波工學、電子工學的國際權威人士，並獲頒相當於博士會員的紫授勳章。教授正在進行五官感覺不到的「超情報系統」研究。

形成腦細胞的是稱為素粒子的百億分之一公分小粒子，但超情報據稱是由比這種素粒子更微小的超素粒子所形成。

「組成超情報系統的超素粒子，平均比素粒子小二十倍，但卻能構成優良的情報系統。這種小規模情報系統存在所有太空中，即使真空中亦然，由於比電子小，所以能夠簡單通過電子與核之間，更可能在電子中運動。

東方人自古即重視「氣」，這與超素粒子有關。當超素粒子繞行宇宙時，稱為宇宙微子，進入生命中就稱為生命微子，可視為中國人所說的「氣」。

人類的超情報系統，可以說就是由生命微子集合成的有機體。

生命微子是像肉體細胞一樣的東西，超情報系統即由生命微子所構成。

我們從口攝取食物、從鼻呼吸空氣，超情報系統也和這種自然反應一樣，從外界吸取宇

宙微子，形成活動能量。」（關英男）

中國與印度都很重視健康法中的呼吸一項，照關先生的說法，呼吸不單單是空氣的出入而已，實際上更是吸收宇宙微子進入體內的重要方法。

重視有氧呼吸的理由即在於此。將宇宙微子隨空氣一起吸入體內，只放出空氣才是有氧呼吸。

自古以來，二個鼻孔就被視為是「吸管」與「排管」，人體超情報系統就是藉著此管，不斷吸收宇宙微子，即有氧呼吸。

超素粒子是比素粒子更微小的粒子，任何物質均可貫穿，具有驚人穿透力。

這麼了不起的粒子互相有機結合，形成極高度情報系統，此情報系統包含了電腦也比不上的計算、控制、記憶等部門。

利用這項情報系統，便可說明精神感應現象，到現在為止，精神感應都一直被認為是「藉電磁波或重力波（與電波不同的波）傳達」。

電磁波或重力波連像地球這麼大的物體都可穿過，但它的情報信號會隨距離而減弱。假設精神感應能藉著超情報系統傳達，那這個問題就解決了，因為超素粒子的驚人貫穿力，即使傳達距離再長也不減其威力。

人類腦細胞中有特殊神經，能夠接受外界傳來的信號，然後變成我們能夠理解的信號、產生意識，就相當於電腦的輸入機能一樣。

如果這條神經接收到月亮傳來的信號，則可說明人類生理律動與月亮律動之間密切的關係，因為來自月亮的光或特殊信號當中，含有多數超素粒子，藉此傳送各種資訊……。

像這種第六感覺器官，或者前面已經敍述過的「第三隻眼」，其中還有許多人類未知的領域，可以想像這和月亮威力有某種關係。

月亮威力之謎，實在是今後科學的重要課題！

大展出版社有限公司	圖書目錄

地址：台北市北投區11204　　電話：(02)8236031
　　　致遠一路二段12巷1號　　　　　8236033
郵撥： 0166955～1　　　　傳眞：(02)8272069

・法律專欄連載・電腦編號58

台大法學院　法律學系／策劃
　　　　　　法律服務社／編著

①別讓您的權利睡著了[1]		200元
②別讓您的權利睡著了[2]		200元

・秘傳占卜系列・電腦編號14

①手相術	淺野八郎著	150元
②人相術	淺野八郎著	150元
③西洋占星術	淺野八郎著	150元
④中國神奇占卜	淺野八郎著	150元
⑤夢判斷	淺野八郎著	150元
⑥前世、來世占卜	淺野八郎著	150元
⑦法國式血型學	淺野八郎著	150元
⑧靈感、符咒學	淺野八郎著	150元
⑨紙牌占卜學	淺野八郎著	150元
⑩ＥＳＰ超能力占卜	淺野八郎著	150元
⑪猶太數的秘術	淺野八郎著	150元
⑫新心理測驗	淺野八郎著	160元

・趣味心理講座・電腦編號15

①性格測驗１	探索男與女	淺野八郎著	140元
②性格測驗２	透視人心奧秘	淺野八郎著	140元
③性格測驗３	發現陌生的自己	淺野八郎著	140元
④性格測驗４	發現你的真面目	淺野八郎著	140元
⑤性格測驗５	讓你們吃驚	淺野八郎著	140元
⑥性格測驗６	洞穿心理盲點	淺野八郎著	140元
⑦性格測驗７	探索對方心理	淺野八郎著	140元
⑧性格測驗８	由吃認識自己	淺野八郎著	140元
⑨性格測驗９	戀愛知多少	淺野八郎著	160元

⑩性格測驗10　由裝扮瞭解人心	淺野八郎著	140元
⑪性格測驗11　敲開內心玄機	淺野八郎著	140元
⑫性格測驗12　透視你的未來	淺野八郎著	140元
⑬血型與你的一生	淺野八郎著	160元
⑭趣味推理遊戲	淺野八郎著	160元
⑮行爲語言解析	淺野八郎著	160元

・婦 幼 天 地・電腦編號 16

①八萬人減肥成果	黃靜香譯	180元
②三分鐘減肥體操	楊鴻儒譯	150元
③窈窕淑女美髮秘訣	柯素娥譯	130元
④使妳更迷人	成　玉譯	130元
⑤女性的更年期	官舒妍編譯	160元
⑥胎內育兒法	李玉瓊編譯	150元
⑦早產兒袋鼠式護理	唐岱蘭譯	200元
⑧初次懷孕與生產	婦幼天地編譯組	180元
⑨初次育兒12個月	婦幼天地編譯組	180元
⑩斷乳食與幼兒食	婦幼天地編譯組	180元
⑪培養幼兒能力與性向	婦幼天地編譯組	180元
⑫培養幼兒創造力的玩具與遊戲	婦幼天地編譯組	180元
⑬幼兒的症狀與疾病	婦幼天地編譯組	180元
⑭腿部苗條健美法	婦幼天地編譯組	180元
⑮女性腰痛別忽視	婦幼天地編譯組	150元
⑯舒展身心體操術	李玉瓊編譯	130元
⑰三分鐘臉部體操	趙薇妮著	160元
⑱生動的笑容表情術	趙薇妮著	160元
⑲心曠神怡減肥法	川津祐介著	130元
⑳內衣使妳更美麗	陳玄茹譯	130元
㉑瑜伽美姿美容	黃靜香編著	150元
㉒高雅女性裝扮學	陳珮玲譯	180元
㉓蠶糞肌膚美顏法	坂梨秀子著	160元
㉔認識妳的身體	李玉瓊譯	160元
㉕產後恢復苗條體態	居理安・芙萊喬著	200元
㉖正確護髮美容法	山崎伊久江著	180元
㉗安琪拉美姿養生學	安琪拉蘭斯博瑞著	180元
㉘女體性醫學剖析	增田豐著	220元
㉙懷孕與生產剖析	岡部綾子著	180元
㉚斷奶後的健康育兒	東城百合子著	220元
㉛引出孩子幹勁的責罵藝術	多湖輝著	170元
㉜培養孩子獨立的藝術	多湖輝著	170元

㉝子宮肌瘤與卵巢囊腫	陳秀琳編著	180元
㉞下半身減肥法	納他夏・史達賓著	180元
㉟女性自然美容法	吳雅菁編著	180元
㊱再也不發胖	池園悅太郎著	170元
㊲生男生女控制術	中垣勝裕著	220元
㊳使妳的肌膚更亮麗	楊　皓編著	170元

・青春天地・電腦編號 17

①A血型與星座	柯素娥編譯	120元
②B血型與星座	柯素娥編譯	120元
③O血型與星座	柯素娥編譯	120元
④AB血型與星座	柯素娥編譯	120元
⑤青春期性教室	呂貴嵐編譯	130元
⑥事半功倍讀書法	王毅希編譯	150元
⑦難解數學破題	宋釗宜編譯	130元
⑧速算解題技巧	宋釗宜編譯	130元
⑨小論文寫作秘訣	林顯茂編譯	120元
⑪中學生野外遊戲	熊谷康編著	120元
⑫恐怖極短篇	柯素娥編譯	130元
⑬恐怖夜話	小毛驢編譯	130元
⑭恐怖幽默短篇	小毛驢編譯	120元
⑮黑色幽默短篇	小毛驢編譯	120元
⑯靈異怪談	小毛驢編譯	130元
⑰錯覺遊戲	小毛驢編譯	130元
⑱整人遊戲	小毛驢編著	150元
⑲有趣的超常識	柯素娥編譯	130元
⑳哦！原來如此	林慶旺編譯	130元
㉑趣味競賽100種	劉名揚編譯	120元
㉒數學謎題入門	宋釗宜編譯	150元
㉓數學謎題解析	宋釗宜編譯	150元
㉔透視男女心理	林慶旺編譯	120元
㉕少女情懷的自白	李桂蘭編譯	120元
㉖由兄弟姊妹看命運	李玉瓊編譯	130元
㉗趣味的科學魔術	林慶旺編譯	150元
㉘趣味的心理實驗室	李燕玲編譯	150元
㉙愛與性心理測驗	小毛驢編譯	130元
㉚刑案推理解謎	小毛驢編譯	130元
㉛偵探常識推理	小毛驢編譯	130元
㉜偵探常識解謎	小毛驢編譯	130元
㉝偵探推理遊戲	小毛驢編譯	130元

㉞趣味的超魔術	廖玉山編著	150元
㉟趣味的珍奇發明	柯素娥編著	150元
㊱登山用具與技巧	陳瑞菊編著	150元

・健康天地・電腦編號18

①壓力的預防與治療	柯素娥編譯	130元
②超科學氣的魔力	柯素娥編譯	130元
③尿療法治病的神奇	中尾良一著	130元
④鐵證如山的尿療法奇蹟	廖玉山譯	120元
⑤一日斷食健康法	葉慈容編譯	150元
⑥胃部強健法	陳炳崑譯	120元
⑦癌症早期檢查法	廖松濤譯	160元
⑧老人痴呆症防止法	柯素娥編譯	130元
⑨松葉汁健康飲料	陳麗芬編譯	130元
⑩揉肚臍健康法	永井秋夫著	150元
⑪過勞死、猝死的預防	卓秀貞編譯	130元
⑫高血壓治療與飲食	藤山順豐著	150元
⑬老人看護指南	柯素娥編譯	150元
⑭美容外科淺談	楊啟宏著	150元
⑮美容外科新境界	楊啟宏著	150元
⑯鹽是天然的醫生	西英司郎著	140元
⑰年輕十歲不是夢	梁瑞麟譯	200元
⑱茶料理治百病	桑野和民著	180元
⑲綠茶治病寶典	桑野和民著	150元
⑳杜仲茶養顏減肥法	西田博著	150元
㉑蜂膠驚人療效	瀨長良三郎著	150元
㉒蜂膠治百病	瀨長良三郎著	180元
㉓醫藥與生活	鄭炳全著	180元
㉔鈣長生寶典	落合敏著	180元
㉕大蒜長生寶典	木下繁太郎著	160元
㉖居家自我健康檢查	石川恭三著	160元
㉗永恒的健康人生	李秀鈴譯	200元
㉘大豆卵磷脂長生寶典	劉雪卿譯	150元
㉙芳香療法	梁艾琳譯	160元
㉚醋長生寶典	柯素娥譯	180元
㉛從星座透視健康	席拉・吉蒂斯著	180元
㉜愉悅自在保健學	野本二士夫著	160元
㉝裸睡健康法	丸山淳士等著	160元
㉞糖尿病預防與治療	藤田順豐著	180元
㉟維他命長生寶典	菅原明子著	180元

㊱維他命C新效果	鐘文訓編	150元
㊲手、腳病理按摩	堤芳朗著	160元
㊳AIDS瞭解與預防	彼得塔歇爾著	180元
㊴甲殼質殼聚糖健康法	沈永嘉譯	160元
㊵神經痛預防與治療	木下眞男著	160元
㊶室內身體鍛鍊法	陳炳崑編著	160元
㊷吃出健康藥膳	劉大器編著	180元
㊸自我指壓術	蘇燕謀編著	160元
㊹紅蘿蔔汁斷食療法	李玉瓊編著	150元
㊺洗心術健康秘法	竺翠萍編譯	170元
㊻枇杷葉健康療法	柯素娥編譯	180元
㊼抗衰血癒	楊啟宏著	180元
㊽與癌搏鬥記	逸見政孝著	180元
㊾冬蟲夏草長生寶典	高橋義博著	170元
㊿痔瘡・大腸疾病先端療法	宮島伸宜著	180元
51膠布治癒頑固慢性病	加瀨建造著	180元
52芝麻神奇健康法	小林貞作著	170元
53香煙能防止癡呆？	高田明和著	180元
54穀菜食治癌療法	佐藤成志著	180元
55貼藥健康法	松原英多著	180元
56克服癌症調和道呼吸法	帶津良一著	180元
57Ｂ型肝炎預防與治療	野村喜重郎著	180元
58青春永駐養生導引術	早島正雄著	180元
59改變呼吸法創造健康	原久子著	180元
60荷爾蒙平衡養生秘訣	出村博著	180元
61水美肌健康法	井戶勝富著	170元
62認識食物掌握健康	廖梅珠編著	170元
63痛風劇痛消除法	鈴木吉彥著	180元
64酸莖菌驚人療效	上田明彥著	180元
65大豆卵磷脂治現代病	神津健一著	200元
66時辰療法——危險時刻凌晨4時	呂建強等著	元
67自然治癒力提升法	帶津良一著	元
68巧妙的氣保健法	藤平墨子著	元

・實用女性學講座・電腦編號 19

①解讀女性內心世界	島田一男著	150元
②塑造成熟的女性	島田一男著	150元
③女性整體裝扮學	黃靜香編著	180元
④女性應對禮儀	黃靜香編著	180元

・校 園 系 列・電腦編號20

①讀書集中術	多湖輝著	150元
②應考的訣竅	多湖輝著	150元
③輕鬆讀書贏得聯考	多湖輝著	150元
④讀書記憶秘訣	多湖輝著	150元
⑤視力恢復！超速讀術	江錦雲譯	180元
⑥讀書36計	黃柏松編著	180元
⑦驚人的速讀術	鐘文訓編著	170元
⑧學生課業輔導良方	多湖輝著	170元

・實用心理學講座・電腦編號21

①拆穿欺騙伎倆	多湖輝著	140元
②創造好構想	多湖輝著	140元
③面對面心理術	多湖輝著	160元
④偽裝心理術	多湖輝著	140元
⑤透視人性弱點	多湖輝著	140元
⑥自我表現術	多湖輝著	150元
⑦不可思議的人性心理	多湖輝著	150元
⑧催眠術入門	多湖輝著	150元
⑨責罵部屬的藝術	多湖輝著	150元
⑩精神力	多湖輝著	150元
⑪厚黑說服術	多湖輝著	150元
⑫集中力	多湖輝著	150元
⑬構想力	多湖輝著	150元
⑭深層心理術	多湖輝著	160元
⑮深層語言術	多湖輝著	160元
⑯深層說服術	多湖輝著	180元
⑰掌握潛在心理	多湖輝著	160元
⑱洞悉心理陷阱	多湖輝著	180元
⑲解讀金錢心理	多湖輝著	180元
⑳拆穿語言圈套	多湖輝著	180元
㉑語言的心理戰	多湖輝著	180元

・超現實心理講座・電腦編號22

①超意識覺醒法	詹蔚芬編譯	130元
②護摩秘法與人生	劉名揚編譯	130元
③秘法！超級仙術入門	陸　明譯	150元

④給地球人的訊息	柯素娥編著	150元
⑤密教的神通力	劉名揚編著	130元
⑥神秘奇妙的世界	平川陽一著	180元
⑦地球文明的超革命	吳秋嬌譯	200元
⑧力量石的秘密	吳秋嬌譯	180元
⑨超能力的靈異世界	馬小莉譯	200元
⑩逃離地球毀滅的命運	吳秋嬌譯	200元
⑪宇宙與地球終結之謎	南山宏著	200元
⑫驚世奇功揭秘	傅起鳳著	200元
⑬啟發身心潛力心象訓練法	栗田昌裕著	180元
⑭仙道術遁甲法	高藤聰一郎著	220元
⑮神通力的秘密	中岡俊哉著	180元
⑯仙人成仙術	高藤聰一郎著	200元
⑰仙道符咒氣功法	高藤聰一郎著	220元
⑱仙道風水術尋龍法	高藤聰一郎著	200元
⑲仙道奇蹟超幻像	高藤聰一郎著	200元
⑳仙道鍊金術房中法	高藤聰一郎著	200元

・養 生 保 健・電腦編號 23

①醫療養生氣功	黃孝寬著	250元
②中國氣功圖譜	余功保著	230元
③少林醫療氣功精粹	井玉蘭著	250元
④龍形實用氣功	吳大才等著	220元
⑤魚戲增視強身氣功	宮　嬰著	220元
⑥嚴新氣功	前新培金著	250元
⑦道家玄牝氣功	張　章著	200元
⑧仙家秘傳袪病功	李遠國著	160元
⑨少林十大健身功	秦慶豐著	180元
⑩中國自控氣功	張明武著	250元
⑪醫療防癌氣功	黃孝寬著	250元
⑫醫療強身氣功	黃孝寬著	250元
⑬醫療點穴氣功	黃孝寬著	250元
⑭中國八卦如意功	趙維漢著	180元
⑮正宗馬禮堂養氣功	馬禮堂著	420元
⑯秘傳道家筋經內丹功	王慶餘著	280元
⑰三元開慧功	辛桂林著	250元
⑱防癌治癌新氣功	郭　林著	180元
⑲禪定與佛家氣功修煉	劉天君著	200元
⑳顛倒之術	梅自強著	360元
㉑簡明氣功辭典	吳家駿編	元

㉒八卦三合功	張全亮著	230元

•社會人智囊•電腦編號24

①糾紛談判術	淸水增三著	160元
②創造關鍵術	淺野八郎著	150元
③觀人術	淺野八郎著	180元
④應急詭辯術	廖英迪編著	160元
⑤天才家學習術	木原武一著	160元
⑥猫型狗式鑑人術	淺野八郎著	180元
⑦逆轉運掌握術	淺野八郎著	180元
⑧人際圓融術	澀谷昌三著	160元
⑨解讀人心術	淺野八郎著	180元
⑩與上司水乳交融術	秋元隆司著	180元
⑪男女心態定律	小田晉著	180元
⑫幽默說話術	林振輝編著	200元
⑬人能信賴幾分	淺野八郎著	180元
⑭我一定能成功	李玉瓊譯	180元
⑮獻給青年的嘉言	陳蒼杰譯	180元
⑯知人、知面、知其心	林振輝編著	180元
⑰塑造堅強的個性	坂上肇著	180元
⑱爲自己而活	佐藤綾子著	180元
⑲未來十年與愉快生活有約	船井幸雄著	180元

•精 選 系 列•電腦編號25

①毛澤東與鄧小平	渡邊利夫等著	280元
②中國大崩裂	江戶介雄著	180元
③台灣•亞洲奇蹟	上村幸治著	220元
④7-ELEVEN高盈收策略	國友隆一著	180元
⑤台灣獨立	森　詠著	200元
⑥迷失中國的末路	江戶雄介著	220元
⑦2000年5月全世界毀滅	紫藤甲子男著	180元
⑧失去鄧小平的中國	小島朋之著	220元

•運 動 遊 戲•電腦編號26

①雙人運動	李玉瓊譯	160元
②愉快的跳繩運動	廖玉山譯	180元
③運動會項目精選	王佑京譯	150元
④肋木運動	廖玉山譯	150元

⑤測力運動 王佑宗譯 150元

・休 閒 娛 樂・電腦編號27

①海水魚飼養法 田中智浩著 300元
②金魚飼養法 曾雪玫譯 250元

・銀髮族智慧學・電腦編號28

①銀髮六十樂逍遙 多湖輝著 170元
②人生六十反年輕 多湖輝著 170元
③六十歲的決斷 多湖輝著 170元

・飲 食 保 健・電腦編號29

①自己製作健康茶 大海淳著 220元
②好吃、具藥效茶料理 德永睦子著 220元
③改善慢性病健康茶 吳秋嬌譯 200元

・家庭醫學保健・電腦編號30

①女性醫學大全 雨森良彥著 380元
②初爲人父育兒寶典 小瀧周曹著 220元
③性活力強健法 相建華著 200元
④30歲以上的懷孕與生產 李芳黛編著 元

・心 靈 雅 集・電腦編號00

①禪言佛語看人生 松濤弘道著 180元
②禪密教的奧秘 葉逯謙譯 120元
③觀音大法力 田口日勝著 120元
④觀音法力的大功德 田口日勝著 120元
⑤達摩禪106智慧 劉華亭編譯 220元
⑥有趣的佛教研究 葉逯謙編譯 170元
⑦夢的開運法 蕭京凌譯 130元
⑧禪學智慧 柯素娥編譯 130元
⑨女性佛教入門 許俐萍譯 110元
⑩佛像小百科 心靈雅集編譯組 130元
⑪佛教小百科趣談 心靈雅集編譯組 120元
⑫佛教小百科漫談 心靈雅集編譯組 150元
⑬佛教知識小百科 心靈雅集編譯組 150元

⑭佛學名言智慧	松濤弘道著	220元
⑮釋迦名言智慧	松濤弘道著	220元
⑯活人禪	平田精耕著	120元
⑰坐禪入門	柯素娥編譯	150元
⑱現代禪悟	柯素娥編譯	130元
⑲道元禪師語錄	心靈雅集編譯組	130元
⑳佛學經典指南	心靈雅集編譯組	130元
㉑何謂「生」　阿含經	心靈雅集編譯組	150元
㉒一切皆空　般若心經	心靈雅集編譯組	150元
㉓超越迷惘　法句經	心靈雅集編譯組	130元
㉔開拓宇宙觀　華嚴經	心靈雅集編譯組	130元
㉕真實之道　法華經	心靈雅集編譯組	130元
㉖自由自在　涅槃經	心靈雅集編譯組	130元
㉗沈默的教示　維摩經	心靈雅集編譯組	150元
㉘開通心眼　佛語佛戒	心靈雅集編譯組	130元
㉙揭秘寶庫　密教經典	心靈雅集編譯組	130元
㉚坐禪與養生	廖松濤譯	110元
㉛釋尊十戒	柯素娥編譯	120元
㉜佛法與神通	劉欣如編著	120元
㉝悟（正法眼藏的世界）	柯素娥編譯	120元
㉞只管打坐	劉欣如編著	120元
㉟喬答摩・佛陀傳	劉欣如編著	120元
㊱唐玄奘留學記	劉欣如編著	120元
㊲佛教的人生觀	劉欣如編譯	110元
㊳無門關（上卷）	心靈雅集編譯組	150元
㊴無門關（下卷）	心靈雅集編譯組	150元
㊵業的思想	劉欣如編著	130元
㊶佛法難學嗎	劉欣如著	140元
㊷佛法實用嗎	劉欣如著	140元
㊸佛法殊勝嗎	劉欣如著	140元
㊹因果報應法則	李常傳編	140元
㊺佛教醫學的奧秘	劉欣如編著	150元
㊻紅塵絕唱	海　若著	130元
㊼佛教生活風情	洪丕謨、姜玉珍著	220元
㊽行住坐臥有佛法	劉欣如著	160元
㊾起心動念是佛法	劉欣如著	160元
㊿四字禪語	曹洞宗青年會	200元
51妙法蓮華經	劉欣如編著	160元
52根本佛教與大乘佛教	葉作森編	180元
53大乘佛經	定方晟著	180元
54須彌山與極樂世界	定方晟著	180元

㊺阿闍世的悟道	定方晟著	180元
㊻金剛經的生活智慧	劉欣如著	180元

・經營管理・電腦編號01

◎創新經營管理六十六大計（精）	蔡弘文編	780元
①如何獲取生意情報	蘇燕謀譯	110元
②經濟常識問答	蘇燕謀譯	130元
④台灣商戰風雲錄	陳中雄著	120元
⑤推銷大王秘錄	原一平著	180元
⑥新創意・賺大錢	王家成譯	90元
⑦工廠管理新手法	琪　輝著	120元
⑨經營參謀	柯順隆譯	120元
⑩美國實業24小時	柯順隆譯	80元
⑪撼動人心的推銷法	原一平著	150元
⑫高竿經營法	蔡弘文編	120元
⑬如何掌握顧客	柯順隆譯	150元
⑭一等一賺錢策略	蔡弘文編	120元
⑯成功經營妙方	鐘文訓著	120元
⑰一流的管理	蔡弘文編	150元
⑱外國人看中韓經濟	劉華亭譯	150元
⑳突破商場人際學	林振輝編著	90元
㉑無中生有術	琪輝編著	140元
㉒如何使女人打開錢包	林振輝編著	100元
㉓操縱上司術	邑井操著	90元
㉔小公司經營策略	王嘉誠著	160元
㉕成功的會議技巧	鐘文訓編譯	100元
㉖新時代老闆學	黃柏松編著	100元
㉗如何創造商場智囊團	林振輝編譯	150元
㉘十分鐘推銷術	林振輝編譯	180元
㉙五分鐘育才	黃柏松編譯	100元
㉚成功商場戰術	陸明編譯	100元
㉛商場談話技巧	劉華亭編譯	120元
㉜企業帝王學	鐘文訓譯	90元
㉝自我經濟學	廖松濤編譯	100元
㉞一流的經營	陶田生編著	120元
㉟女性職員管理術	王昭國編譯	120元
㊱ＩＢＭ的人事管理	鐘文訓編譯	150元
㊲現代電腦常識	王昭國編譯	150元
㊳電腦管理的危機	鐘文訓編譯	120元
㊴如何發揮廣告效果	王昭國編譯	150元

㊵最新管理技巧	王昭國編譯	150元
㊶一流推銷術	廖松濤編譯	150元
㊷包裝與促銷技巧	王昭國編譯	130元
㊸企業王國指揮塔	松下幸之助著	120元
㊹企業精銳兵團	松下幸之助著	120元
㊺企業人事管理	松下幸之助著	100元
㊻華僑經商致富術	廖松濤編譯	130元
㊼豐田式銷售技巧	廖松濤編譯	180元
㊽如何掌握銷售技巧	王昭國編著	130元
㊿洞燭機先的經營	鐘文訓編譯	150元
52新世紀的服務業	鐘文訓編譯	100元
53成功的領導者	廖松濤編譯	120元
54女推銷員成功術	李玉瓊編譯	130元
55ＩＢＭ人才培育術	鐘文訓編譯	100元
56企業人自我突破法	黃琪輝編著	150元
58財富開發術	蔡弘文編著	130元
59成功的店舖設計	鐘文訓編著	150元
61企管回春法	蔡弘文編著	130元
62小企業經營指南	鐘文訓編譯	100元
63商場致勝名言	鐘文訓編譯	150元
64迎接商業新時代	廖松濤編譯	100元
66新手股票投資入門	何朝乾　編	200元
67上揚股與下跌股	何朝乾編譯	180元
68股票速成學	何朝乾編譯	200元
69理財與股票投資策略	黃俊豪編著	180元
70黃金投資策略	黃俊豪編著	180元
71厚黑管理學	廖松濤編譯	180元
72股市致勝格言	呂梅莎編譯	180元
73透視西武集團	林谷燁編譯	150元
76巡迴行銷術	陳蒼杰譯	150元
77推銷的魔術	王嘉誠譯	120元
7860秒指導部屬	周蓮芬編譯	150元
79精銳女推銷員特訓	李玉瓊編譯	130元
80企劃、提案、報告圖表的技巧	鄭　汶　譯	180元
81海外不動產投資	許達守編譯	150元
82八百件的世界策略	李玉瓊譯	150元
83服務業品質管理	吳宜芬譯	180元
84零庫存銷售	黃東謙編譯	150元
85三分鐘推銷管理	劉名揚編譯	150元
86推銷大王奮鬥史	原一平著	150元
87豐田汽車的生產管理	林谷燁編譯	150元

•成 功 寶 庫•電腦編號02

①上班族交際術	江森滋著	100元
②拍馬屁訣竅	廖玉山編譯	110元
④聽話的藝術	歐陽輝編譯	110元
⑨求職轉業成功術	陳　義編著	110元
⑩上班族禮儀	廖玉山編著	120元
⑪接近心理學	李玉瓊編著	100元
⑫創造自信的新人生	廖松濤編著	120元
⑭上班族如何出人頭地	廖松濤編著	100元
⑮神奇瞬間瞑想法	廖松濤編譯	100元
⑯人生成功之鑰	楊意苓編著	150元
⑲給企業人的諍言	鐘文訓編著	120元
⑳企業家自律訓練法	陳　義編譯	100元
㉑上班族妖怪學	廖松濤編著	100元
㉒猶太人縱橫世界的奇蹟	孟佑政編著	110元
㉓訪問推銷術	黃静香編著	130元
㉕你是上班族中強者	嚴思圖編著	100元
㉖向失敗挑戰	黃静香編著	100元
㉙機智應對術	李玉瓊編著	130元
㉚成功頓悟100則	蕭京凌編譯	130元
㉛掌握好運100則	蕭京凌編譯	110元
㉜知性幽默	李玉瓊編譯	130元
㉝熟記對方絕招	黃静香編譯	100元
㉞男性成功秘訣	陳蒼杰編譯	130元
㊱業務員成功秘方	李玉瓊編著	120元
㊲察言觀色的技巧	劉華亭編著	180元
㊳一流領導力	施義彥編譯	120元
㊴一流說服力	李玉瓊編著	130元
㊵30秒鐘推銷術	廖松濤編譯	150元
㊶猶太成功商法	周蓮芬編譯	120元
㊷尖端時代行銷策略	陳蒼杰編著	100元
㊸顧客管理學	廖松濤編著	100元
㊹如何使對方說Yes	程　羲編著	150元
㊺如何提高工作效率	劉華亭編著	150元
㊼上班族口才學	楊鴻儒譯	120元
㊽上班族新鮮人須知	程　羲編著	120元
㊾如何左右逢源	程　羲編著	130元
㊿語言的心理戰	多湖輝著	130元
51扣人心弦演說術	劉名揚編著	120元

㊿如何增進記憶力、集中力	廖松濤譯	130元
㊿性惡企業管理學	陳蒼杰譯	130元
㊿自我啟發200招	楊鴻儒編著	150元
㊿做個傑出女職員	劉名揚編著	130元
㊿靈活的集團營運術	楊鴻儒編著	120元
㊿個案研究活用法	楊鴻儒編著	130元
㊿企業教育訓練遊戲	楊鴻儒編著	120元
㊿管理者的智慧	程　義編譯	130元
㊿做個佼佼管理者	馬筱莉編譯	130元
㊿智慧型說話技巧	沈永嘉編譯	130元
㊿活用佛學於經營	松濤弘道著	150元
㊿活用禪學於企業	柯素娥編譯	130元
㊿詭辯的智慧	沈永嘉編譯	150元
㊿幽默詭辯術	廖玉山編譯	150元
㊿拿破崙智慧箴言	柯素娥編譯	130元
㊿自我培育・超越	蕭京凌編譯	150元
㊿時間即一切	沈永嘉編譯	130元
㊿自我脫胎換骨	柯素娥譯	150元
㊿贏在起跑點—人才培育鐵則	楊鴻儒編譯	150元
㊿做一枚活棋	李玉瓊編譯	130元
㊿面試成功戰略	柯素娥編譯	130元
㊿自我介紹與社交禮儀	柯素娥編譯	150元
㊿說NO的技巧	廖玉山編譯	130元
㊿瞬間攻破心防法	廖玉山編譯	120元
㊿改變一生的名言	李玉瓊編譯	130元
㊿性格性向創前程	楊鴻儒編譯	130元
㊿訪問行銷新竅門	廖玉山編譯	150元
㊿無所不達的推銷話術	李玉瓊編譯	150元

・處世智慧・電腦編號03

①如何改變你自己	陸明編譯	120元
⑥靈感成功術	譚繼山編譯	80元
⑧扭轉一生的五分鐘	黃柏松編譯	100元
⑩現代人的詭計	林振輝譯	100元
⑫如何利用你的時間	蘇遠謀譯	80元
⑬口才必勝術	黃柏松編譯	120元
⑭女性的智慧	譚繼山編譯	90元
⑮如何突破孤獨	張文志編譯	80元
⑯人生的體驗	陸明編譯	80元
⑰微笑社交術	張芳明譯	90元

⑱幽默吹牛術	金子登著	90元
⑲攻心說服術	多湖輝著	100元
⑳當機立斷	陸明編譯	70元
㉑勝利者的戰略	宋恩臨編譯	80元
㉒如何交朋友	安紀芳編著	70元
㉓鬥智奇謀（諸葛孔明兵法）	陳炳崑著	70元
㉔慧心良言	亦　奇著	80元
㉕名家慧語	蔡逸鴻主編	90元
㉗稱霸者啟示金言	黃柏松編譯	90元
㉘如何發揮你的潛能	陸明編譯	90元
㉙女人身態語言學	李常傳譯	130元
㉚摸透女人心	張文志譯	90元
㉛現代戀愛秘訣	王家成譯	70元
㉜給女人的悄悄話	妮倩編譯	90元
㉞如何開拓快樂人生	陸明編譯	90元
㉟驚人時間活用法	鐘文訓譯	80元
㊱成功的捷徑	鐘文訓譯	70元
㊲幽默逗笑術	林振輝著	120元
㊳活用血型讀書法	陳炳崑譯	80元
㊴心　燈	葉于模著	100元
㊵當心受騙	林顯茂譯	90元
㊶心・體・命運	蘇燕謀譯	70元
㊷如何使頭腦更敏銳	陸明編譯	70元
㊸宮本武藏五輪書金言錄	宮本武藏著	100元
㊺勇者的智慧	黃柏松編譯	80元
㊼成熟的愛	林振輝譯	120元
㊽現代女性駕馭術	蔡德華著	90元
㊾禁忌遊戲	酒井潔著	90元
52摸透男人心	劉華亭編譯	80元
53如何達成願望	謝世輝著	90元
54創造奇蹟的「想念法」	謝世輝著	90元
55創造成功奇蹟	謝世輝著	90元
56男女幽默趣典	劉華亭譯	90元
57幻想與成功	廖松濤譯	80元
58反派角色的啟示	廖松濤編譯	70元
59現代女性須知	劉華亭編著	75元
61機智說話術	劉華亭編譯	100元
62如何突破內向	姜倩怡編譯	110元
64讀心術入門	王家成編譯	100元
65如何解除內心壓力	林美羽編著	110元
66取信於人的技巧	多湖輝著	110元

國家圖書館出版品預行編目資料

揭開月球的神秘力量／超科學研究會著，李芳黛譯，
一初版一臺北市，大展，民86
面；　公分一（超現實心靈講座；22）
譯自：驚異のムーンパワーを解明した
ISBN 957-557-700-0（平裝）
1.自然現象
298.1　86003215

揭開月球的神秘力量　ISBN 957-557-700-0

原 著 者／超科學研究會
編 譯 者／李 芳 黛
發 行 人／蔡 森 明
出 版 者／大展出版社有限公司
社　址／台北市北投區（石牌）致遠一路二段12巷1號
電　話／(02) 8236031・8236033
傳　眞／(02) 8272069
郵政劃撥／0166955－1
登 記 證／局版臺業字第2171號
承 印 者／國順圖書印刷公司
裝　訂／嶸興裝訂有限公司
排 版 者／千兵企業有限公司
電　話／(02) 8812643
初版1刷／1997年（民86年）5月

定　價／180元

大展好書 好書大展

大展好書 好書大展